做新时代的实干家

任初轩 ◎ 编

人民日报出版社
北京

图书在版编目（CIP）数据

做新时代的实干家 / 任初轩编 . -- 北京：人民日报出版社，2024. 8. -- ISBN 978-7-5115-8402-1

Ⅰ. D261.42

中国国家版本馆 CIP 数据核字第 202473DE00 号

书　　　名：	做新时代的实干家
	ZUO XINSHIDAI DE SHIGANJIA
作　　　者：	任初轩
出 版 人：	刘华新
策 划 人：	欧阳辉
责任编辑：	曹　腾　季　玮
特约编辑：	王梓茹
版式设计：	九章文化
出版发行：	人民日报出版社
社　　　址：	北京金台西路 2 号
邮政编码：	100733
发行热线：	（010）65369527　65369846　65369509　65369510
邮购热线：	（010）65369530　65363527
编辑热线：	（010）65369523
网　　　址：	www.peopledailypress.com
经　　　销：	新华书店
印　　　刷：	大厂回族自治县彩虹印刷有限公司
法律顾问：	北京科宇律师事务所　010-83622312
开　　　本：	710mm×1000mm　1/16
字　　　数：	153 千字
印　　　张：	14.5
版　　　次：	2025 年 5 月第 1 版　2025 年 5 月第 1 次印刷
书　　　号：	ISBN 978-7-5115-8402-1
定　　　价：	49.00 元

如有印装质量问题，请与本社调换，电话：（010）65369463

目 录

思想平台

01 "历史不会辜负实干者"
　　………………………………………………………彭　飞 / 002

02 铆足实干劲头　使命扛在肩上
　　………………………………………………………马祖云 / 006

03 实干担当促进发展
　　……………………………………………人民日报评论部 / 009

04 在实干奋斗中实现人生价值
　　………………………………………………………吴　丹 / 012

05 学看家本领　当行动派实干家
　　……………………………………………人民日报评论员 / 015

06 坚定信心，实干笃行
　　………………………………………………………桂从路 / 018

07 当好改革促进派和实干家

··陈　凌 / 021

08 提振干事创业精气神

··李　斌 / 025

09 干事创业得有一股子劲

··常　晋 / 028

10 突破事务主义的"窄门"

···韩骏升 / 031

拓展阅读

毛泽东："共产党就是要奋斗"

··毛　胜 / 034

理论茶座

11 做进一步全面深化改革的促进派实干家

··王　刚 / 042

12 党的纪律和干事创业是内在统一的

··葛亮亮　王云松　殷　烁 / 049

13 坚持干字当头，确保党中央各项决策部署落到实处

···王云松 / 065

目 录

14 干事担事是党员干部的价值追求
·· 周　靖 / 081

15 实干担当促进发展　牢固树立正确的事业观
·· 宋友文 / 086

16 真干才能真出业绩出真业绩
·· 李照达 / 090

17 从调查研究中来　到真抓实干中去
·· 王　慧 / 094

18 以正确政绩观引领干事创业导向
·· 雷东生 / 098

19 年轻干部干事创业要怀平常心
·· 马晓敏　郭婷婷 / 105

20 年轻干部既要有担当之责又要有干事之能
·· 索文斌 / 109

21 激发干部干事创业的内生动力
·· 王　宇 / 112

22 年轻干部要把干事热情和科学精神结合起来
·· 沈海涛 / 115

23 强化干部干事创业的正向激励
·· 刘炳香 / 119

拓展阅读

周恩来：对待工作"不要如浮云一样"
....曹　阳 / 125

学术圆桌

❷❹ "实干"范畴新论
....覃正爱 / 132

❷❺ 中国共产党执行力系统研究
....杨发庭　马正立 / 157

❷❻ 年轻干部要在干事创业中成长成才
....吴　庆 / 188

❷❼ 切实提高真抓实干做好经济工作的能力和水平
....丁开杰 / 202

拓展阅读

陈云：善于务虚的实干家
....何云峰 / 211

思想平台

思想平台·

"历史不会辜负实干者"

彭 飞

"为者常成,行者常至,历史不会辜负实干者。"在2023年春节团拜会上,习近平总书记充分肯定过去一年党和国家事业取得来之不易的成绩,深刻指出"我们靠实干创造了辉煌的过去,还要靠实干开创更加美好的未来"。

在党和国家发展史上,过去的一年极为重要。国际环境风高浪急,国内改革发展稳定任务艰巨繁重。在以习近平同志为核心的党中央坚强领导下,全党全军全国各族人民迎难而上、团结奋斗,凭着龙腾虎跃的干劲、敢入虎穴的闯劲、坚忍不拔的韧劲,书写了社会主义现代化建设的新篇章。

铆足龙腾虎跃的干劲,我们无往不胜。实干是最质朴的方法论。从医护人员夜以继日守护人民健康安全,到亿万农民辛勤劳作实现粮食生产"十九连丰",从无数志愿者、建设者兢兢业业做好北京冬奥会、冬残奥会筹办举办各项工作,到驻村干部扎根乡土投身乡村振兴火热实践……千千万万普通人实字当头、以干为先,在平凡岗位上创造了不平凡的业绩,以实际行动诠释了中国人民具有的伟大创造精神、伟大奋斗精神、伟大团结精神、伟大梦想精神。我们坚信,只要有愚公移山的志气、滴水穿石的毅力,脚踏实地,埋头苦干,积跬步以至千里,就一定能够把宏伟目标变为美好现实。

激发敢入虎穴的闯劲,我们无坚不摧。没有一点闯的精神,没有一点"冒"的精神,没有一股子气呀、劲呀,就走不出一条好路,走不出一条新路,就干不出新的事业。过去一年,各自由贸易试验区、海南自由贸易港蓬勃兴起,沿海地区踊跃创新,"太空出差"创造历史,"国之重器"砥柱中流,核心技术加快攻关,中国特色大国外交勇毅前行。从中国空间站全面建成、第三艘航母"福建号"下水,到首架C919大飞机正式交付、白鹤滩水电站全面投产,每一项重大成果,都是我们逢山开路、遇水架桥,用智慧和汗水换来的。始终保持一往无前的姿态,大胆想、勇敢闯、科学干,就没有攻克不了的难关。

砥砺坚忍不拔的韧劲,我们无惧风雨。山不低头,但人能比山高。我国经济顶住压力、稳中求进,2022年全年国内

思想平台·

生产总值超过120万亿元，稳居世界第二位；四川泸定地震、重庆山火等自然灾害面前，我们守望相助、同舟共济，无数人以生命赴使命、用挚爱护苍生，谱写下一曲曲壮丽的英雄赞歌；我们坚决开展反分裂、反干涉重大斗争，展现了维护国家主权和领土完整的坚强决心和强大能力……"千磨万击还坚劲，任尔东西南北风"，不信邪、不怕鬼、不怕压，知难而进、克难攻坚，我们不惧任何艰难险阻，也必将创造新的更大奇迹。

业绩是干出来的，奇迹是干出来的。实践表明，只要党和人民始终站在一起、想在一起、干在一起，任何风浪都动摇不了我们的钢铁意志，任何困难都阻挡不了我们的铿锵步伐。

党的二十大擘画了全面建设社会主义现代化国家、以中国式现代化全面推进中华民族伟大复兴的宏伟蓝图，吹响了奋进新征程的时代号角。大道至简，实干为要。习近平总书记强调："新征程是充满光荣和梦想的远征，没有捷径，唯有实干。"面向未来，继续脚踏实地、埋头苦干，坚持笃实好学、尊重实际，做到求真务实、注重实效，踔厉奋发、笃行不怠，我们就一定能有更大作为、更大收获，在新时代新征程上赢得更加伟大的胜利和荣光。

要读完10本书，要学习一项专业技能，要把各项工作完成得更好……网友们自晒新年计划和愿望清单，呈现在我们眼前的，是无数人奋斗的姿态和追梦的状态。我们每个人的一小步、一滴汗水、一点星火，必将在新的一年里汇聚成团结奋进的磅礴伟力，创造更加美好的明天。

《人民日报》（2023年01月22日第04版）

做新时代的实干家

思想平台·

铆足实干劲头　使命扛在肩上

马祖云

踔厉奋发启新程,乘势而上开新局。各地密集组织招商引资活动,提速项目建设;广袤田野,一派春耕备耕的繁忙景象;从工厂车间、施工现场到科研一线,人勤春来早,光景处处新……各行各业瞄准开门红、全年旺,亮出真招实举、铆足实干劲头,激扬起抢抓机遇、锐意进取的新气象。

"我们靠实干创造了辉煌的过去,还要靠实干开创更加美好的未来。"习近平总书记在2023年春节团拜会上的重要讲话,鼓舞人心、催人奋进。新征程是充满光荣和梦想的远征,没有捷径可走,惟有依靠实干。牢记"空谈误国,实干兴邦",坚持干字当头,把使命扛在肩上,才能把美好蓝图变成现实。

实干是追梦逐梦,需怀抱雄心壮志。船的力量在帆上,人的力量在心上。心怀追梦之志,实干就有不竭动力。小康梦,激励我们实干苦干、攻坚拔寨,提前10年实现联合国2030年可持续发展议程减贫目标;航天梦,激励我们只争朝夕、探月逐日,筑就了中国人的"太空之家";强国梦,激励我们勇立潮头、敢为人先,在量子通信、人工智能、探月工程、载人深潜、超级计算机等科技领域取得新突破……以实干奋斗的姿态奔向星辰大海,我们的前途必将无限光明。

实干是攻坚克难,当奋力闯关夺隘。人生天地间,长路有险夷。干事创业,有风有雨是常态,风雨兼程是状态。无论个人还是团队,想干事、干成事,总会遇到困难和风险。面对艰难险阻,敢于迎难而上,才能开辟通途;面对风高浪急,勇于开顶风船,才能绝处逢生。绝壁上开渠难不难?黄大发为了破解山村饮水之难,带领乡亲们在悬崖峭壁上开凿出"生命渠";凌空架桥险不险?建设者们敢于踏平天险,让云南华坪与丽江间"天堑变通途"。越是壮丽的事业,越需要付出艰辛努力。一个个大国重器的亮相、一项项大国工程的建成,无不是奋斗者拼出来、干出来的。

实干是笃行不怠,须始终坚忍不拔。我们的事业需要接力奋斗,时代的华章需要代代续写。实干,就要一锤接着一锤敲、一棒接着一棒跑。在"一山放出一山拦"的前行中,当以"功成不必在我"的境界默默奉献,以"功成必定有我"的担当久

做新时代的实干家

思想平台

久为功,以"一张蓝图绘到底"的韧劲不懈奋斗。回溯既往,河南林县人民凭着"一锤一钎一双手",叩石垦壤、挖山不止,以10年之功在巍巍太行的崇山峻岭中开辟出一条"人工天河";塞罕坝人在"飞鸟无栖树"的荒漠上建起世界上面积最大的人工林,背后是几代拓荒者的披荆斩棘;北斗全球组网,离不开科研团队数十载的接力攻关。这样的奋斗故事诠释着朴素哲理:苦干实干、一往无前,就能跨越万水千山,迎来万紫千红。

"为者常成,行者常至,历史不会辜负实干者。"坚定信心、脚踏实地、埋头苦干,不驰于空想,不骛于虚声,向着新目标,奋楫再出发,我们一定能够实现新征程的良好开局,以实绩建功新时代。

《人民日报》(2023年02月23日第04版)

实干担当促进发展

人民日报评论部

"咱们今天一起想想咋沿着总书记指的好路子,结合村里实际情况,因地制宜、精准施策,把日子越过越红火。"在湖南省花垣县十八洞村,党支部书记和乡亲们围坐在一起,学思想、论村情、谋发展。9年多前,习近平总书记在这里首提"精准扶贫"重要理念,引领深山苗寨实现从深度贫困村到全国乡村旅游示范村的巨变。如今,习近平总书记关于全面实施乡村振兴战略的一系列重要论述,又成为大伙儿致富路上的"金钥匙"。

实践性是马克思主义理论区别于其他理论的显著特征。习近平新时代中国特色社会主义思想扎根现实土壤、回应实践需求,从理论和实践的结合上深入回答关系党和国家事业发展、党治国理政的一系列重大时代课题,为新时代党和国家事业发

思想平台

展提供了根本遵循。实干担当促进发展,是学习贯彻习近平新时代中国特色社会主义思想主题教育五个方面具体目标之一。推动主题教育扎实开展,必须教育引导广大党员、干部胸怀"国之大者",紧紧围绕新时代新征程党的中心任务,真抓实干、务求实效,聚焦问题、知难而进,以时时放心不下的责任感、积极担当作为的精气神为党和人民履好职、尽好责,以新气象新作为推动高质量发展取得新成效,依靠顽强斗争打开事业发展新天地。

理论的威力,只有付诸实践才能发挥出来。在"绿水青山就是金山银山"理念引领下,浙江省安吉县余村转变透支资源的发展方式,成为绿色低碳发展的佼佼者。以"加快推进能源生产和消费革命"为遵循,宁夏宁东能源化工基地不断扩大我国在煤炭加工转化领域的技术和产业优势,推动煤炭清洁高效利用。贯彻"抓实体经济一定要抓好制造业"的要求,徐工集团加强技术研发,220吨全地面起重机的关键指标达到全球第一,国产化率达到100%。党的十八大以来,党和国家事业之所以取得历史性成就、发生历史性变革,根本在于以习近平同志为核心的党中央坚强领导,在于习近平新时代中国特色社会主义思想科学指引。习近平新时代中国特色社会主义思想展真理之旗、掌时代之舵、扬复兴之帆,在实践中深刻改变了中国、深刻影响着世界。

新征程是充满光荣和梦想的远征，没有捷径，唯有实干。学习贯彻习近平新时代中国特色社会主义思想是新时代新征程开创事业发展新局面的根本要求。同过去相比，我们今天学习的任务不是轻了，而是更重了。面对前进路上的重大挑战、重大风险、重大阻力、重大矛盾，我们既要依靠学习提升能成事的真本领，也要依靠实践练就敢担当的宽肩膀。广大党员、干部要从习近平新时代中国特色社会主义思想中汲取奋发进取的智慧和力量，熟练掌握其中蕴含的领导方法、思想方法、工作方法，不断提高履职尽责的能力和水平，凝心聚力促发展，驰而不息抓落实，立足岗位作贡献，推动中国式现代化取得新进展新突破，充分彰显习近平新时代中国特色社会主义思想鲜明的实践品格。

　　道虽迩，不行不至；事虽小，不为不成。担当作为就要真抓实干、埋头苦干，决不能坐而论道、光说不练。在强国建设、民族复兴的新征程上，我们学思想、强党性、重实践、建新功，一步一个脚印把党的二十大作出的重大决策部署付诸行动、见之于成效，必能创造经得起历史和人民检验的实绩。

《人民日报》（2023年05月04日第05版）

思想平台

在实干奋斗中实现人生价值

吴 丹

学生敬献鲜花,军人重温誓词,青年党员肃立默哀……日前,辽宁沈阳"九·一八"历史博物馆残历碑广场庄严肃穆,布满累累弹孔的巨大石碑如一部翻开的台历,将时间定格在1931年9月18日,无声诉说着92年前那段刻骨铭心的历史。

习近平总书记强调:"爱国主义是我们民族精神的核心,是中华民族团结奋斗、自强不息的精神纽带。"无论是"名将以身殉国家,愿拼热血卫吾华"的年轻的左权,还是冰天雪地里与敌人周旋不怕困苦艰难奋斗之模范的杨靖宇,抑或是千千万万前赴后继、丹心报国的热血青年,爱国是他们内心最深层、最持久的情感。民族危亡之际,中国青年高举爱国主义伟大旗帜,众志成城、共御外侮,为民族而战,为祖国而战,为尊严而战。

思想平台

青年的命运,从来都同时代紧密相连。新民主主义革命时期,青春是漫漫长征路上那一声坚定的"跟着走",走向柳暗花明的胜利之路;社会主义革命和建设时期,青春是一穷二白下的艰苦奋斗,向科学进军,向困难进军,向荒原进军;改革开放和社会主义现代化建设新时期,青春是勇立潮头,作改革闯将,开风气之先。时代各有不同,青春一脉相承,进入中国特色社会主义新时代,广大青年应坚定理想信念,在矢志奋斗中赓续红色血脉,用实际行动践行"请党放心,强国有我"的铮铮誓言,汇聚起民族复兴的青春力量。

峥嵘岁月中,有一种信仰历久弥新。在黄土垒就的斑驳窑洞里,毛泽东同志以朴素但激动人心的语言,拨开了"亡国论""速胜论"的迷雾,洞见了胜利的未来。众多青年穿越封锁,奔赴延安,在茫茫黑夜中觅得光明。从抗战时期的"革命先锋"到新时代的"复兴栋梁",一代代有志青年传承红色基因、赓续红色血脉,坚持爱国和爱党、爱社会主义的高度统一,生长出坚如磐石的赤诚信念,谱写出热情浓郁的青春华章。

复兴征程上,有一种力量生生不息。护佑高原百姓健康,"最美医生"索朗片多12年来一人一马,心中写下近1300人的"健康账册";坚决回击暴力行径,"清澈的爱,只为中国",解放军战士陈祥榕为保卫祖国边防,将生命永远定格在了19岁。在科研一线,量子科学团队平均年龄35岁,中国天眼FAST研发团

思想平台

队平均年龄仅 30 岁;在广袤田野,广大青年领办专业合作社、推广现代农业科技、壮大农村新产业新业态,在乡村振兴中展现才华。对新时代中国青年来说,热爱祖国是立身之本、成才之基,只有把青春的小我融入祖国的大我、人民的大我,自觉把浓浓爱国之情凝结为强国之志、报国之行,才能在实干奋斗中实现人生价值,以青春之我创建青春之家庭、青春之国家、青春之民族。

昭昭前事,惕惕后人;铭记历史,吾辈自强。新征程上,必然会有艰巨繁重的任务,必然会有艰难险阻甚至惊涛骇浪,新时代青年接过历史的接力棒,在强国建设、民族复兴伟业中勇当先锋,进一步激发强国有我的爱国热情,努力创造无负时代、无负历史、无负人民的青春业绩。

《人民日报》(2023 年 09 月 17 日第 05 版)

学看家本领　当行动派实干家

人民日报评论员

第六批全国干部学习培训教材即将出版发行，习近平总书记亲自为这批教材作序。《序言》站在党和国家事业发展全局的战略高度，紧紧围绕推进中国式现代化这个最大的政治，深刻阐述了新时代不断深化党的创新理论武装的重大意义，对巩固拓展主题教育成果，锤炼党性、提升能力等提出了明确要求。

习近平总书记指出："中国式现代化是强国建设、民族复兴的康庄大道，开辟的是人类迈向现代化的新道路，开创的是人类文明新形态。"越是前无古人的伟大事业，越是光荣的历史使命，越需要付出艰辛努力。面对错综复杂形势、艰巨繁重任务、严峻风险挑战，要实现党的二十大确定的战略目标，迫切需要把学习贯彻习近平新时代中国特色社会主义思想不断引向深入，

做新时代的实干家

思想平台

以理论武装推动全党团结、事业发展。

理论强,才能方向明、人心齐、底气足。习近平新时代中国特色社会主义思想是中国共产党的思想旗帜,是全党全国人民奋进新征程、夺取新胜利的科学指引和行动指南。要坚持不懈用这一重要思想凝心铸魂,常学常新、常悟常进,在深化、内化、转化上下功夫,筑牢信仰之基、补足精神之钙、把稳思想之舵,坚定拥护"两个确立"、坚决做到"两个维护"。要善于从这一重要思想中悟规律、明方向、学方法、增智慧,把看家本领、兴党本领、强国本领学到手,全面提升与推进中国式现代化相适应的政治能力、领导能力、工作能力。要善于从这一重要思想中汲取踔厉奋发、勇毅前行的精神动力,坚定历史自信、锤炼斗争本领,始终保持锐意进取、迎难而上的奋斗姿态,在新征程上展现新气象新作为。

为学之实,固在践履。学习习近平新时代中国特色社会主义思想的目的全在于运用。党的创新理论在推进和拓展中国式现代化中展现出了强大思想伟力,创造了丰富生动的实践成果。各级干部要进一步发扬理论联系实际的马克思主义学风,把工作抓实、基础打实、步子迈实,当好中国式现代化建设的坚定行动派、实干家。要自觉运用党的创新理论这一强大思想武器,匡正干的导向,增强干的动力,形成干的合力,紧紧围绕中心任务,持续解决突出问题,有效防范化解重大风险,创造性开展工作，不断把党的二十大描绘的宏伟蓝图变成美好现实。

重视学习是我们党推动事业发展的成功经验。坚持不懈深化党的创新理论武装，加强干部教育培训和实践锻炼，以思想高度统一确保政治统一、行动统一，全党更加团结一致、本领不断增强，中国式现代化建设就一定能够劈波斩浪、行稳致远。

《人民日报》（2024年03月01日第01版）

坚定信心,实干笃行

桂从路

人勤春来早。走进天津西青区第六埠村,蔬菜大棚里一畦畦绿叶菜长势喜人,农户们忙着采摘、发货。去年受极端降雨影响,第六埠村的大片土地、2000多个大棚被淹没,在党和政府支持下,大棚修复、补种抢种,这里很快恢复了生产。谈及未来,村民杜洪刚充满信心:"大棚如今已经重新建起来,芹菜马上就能上市,我相信咱的日子就跟这往上蹿的菜一样,越过越好。"

田间地头的忙碌,折射发展的热气腾腾;一句"越过越好",道出十足干劲。正如习近平总书记在二〇二四年新年贺词中指出:"大家记住了一年的不易,也对未来充满信心。"

回首过往的奋斗路,我们遭遇的困难挑战何其多!正是每

坚定信心，实干笃行

个人用汗水浇灌收获，汇聚起昂扬奋进的时代潮流，千年小康梦、百年富强梦、飞天寰宇梦、蛟龙蹈海梦、国产航母梦……始终坚定信心、勇毅前行，我们把一个个"不可能"变成"一定能"。

"狭路相逢勇者胜"，与困难角力、与阻力对垒，只有坚定必胜信心、激扬奋进伟力，克服一切不利条件去争取胜利，才能踏平坎坷、筑就坦途。奋进新征程，处在前所未有的变革时代，干着前无古人的伟大事业，我们不知还要爬多少坡、过多少坎、经历多少风风雨雨、克服多少艰难险阻。面对"一山放出一山拦"，尤须保持"咬定青山不放松"的定力，鼓足"越是艰险越向前"的精气神，以生龙活虎、龙腾虎跃的干劲，把宏伟蓝图一步步变成美好现实，才能迎来"轻舟已过万重山"的境界。

信心从何而来？源自"时与势在我们一边"的深刻洞察，源自"我国发展面临的有利条件强于不利因素"的科学判断。经济总量超过126万亿元，折射我国经济体魄强健、筋骨壮实；粮食生产实现"二十连丰"，见证依靠自己力量把饭碗端得更稳更牢；新能源汽车、锂电池、光伏产品出口快速增长，体现新质生产力带来的强劲推动力、支撑力；国产新手机一机难求，彰显中国的创新动力、发展活力。今天的中国行驶在高质量发展的航道上，"稳"的基础更扎实，"进"的动能更强劲，中国经济长期向好的基本面没有变也不会变。前不久，国际货币基金组

思想平台·

织上调了2024年中国经济的增长预期。"中国经济前景光明""今日中国正在成为一个与众不同的新型大国,是一个富有活力的经济体"……这是人们的共识。

信心从来不是盲目乐观,而是在乱云飞渡中保持"走好自己的路"的定力,在攻坚克难中坚定"办好自己的事"的决心。去年一些企业面临经营压力,有的中小企业订单一度骤减,如何破解难题?福建晋江开展"千名干部进千企、一企一策促发展"专项行动。深入企业"听心声",奔着问题去,找到解决问题的方案,当好服务企业的"店小二",助力企业发展提质增效。当地干部感慨:"把情况摸清、把问题找准、把对策提实,我们始终对发展充满信心。"正所谓"只要思想不滑坡,方法总比困难多"。完整、准确、全面贯彻新发展理念,有效应对和解决"前进中的问题、发展中的烦恼",我们有信心、有能力实现既定目标,确保中国式现代化行稳致远。

信心赛过黄金。新的春天、新的奋斗、新的迸发,只要坚定信心、勇往直前,把奋斗刻写进历史的年轮,我们必将拥抱更加美好的生活。

《人民日报》(2024年03月01日第06版)

当好改革促进派和实干家

陈 凌

一段时间以来,不少地方出现企业追加投资的"二期现象""三期现象",引人关注。

江苏扬州广陵区食品产业园,扬州中福生物技术有限公司等多家企业决定上马二期项目,累计总投资超10亿元;江西九江经开区,投资13亿元的江西生益科技有限公司二期项目正加速推进;湖南娄底经开区,合资企业华安钢宝利高新汽车板加工有限公司追加投资建设第三期项目,新建一条新能源汽车激光拼焊门环生产线……项目投资"接二连三",给我们带来怎样的启示?

"因为这里的营商环境对企业很友好",江西鑫海高分子材料有限公司相关负责人的话,道出了追加投资的关键。营商环

做新时代的实干家

思想平台

境之于企业,如同空气、水和阳光之于生命。营商环境越好,市场信心就越稳,企业干劲就越足,经济发展也就越有活力。重大项目投资"接二连三",彰显发展活力,也体现各地优化营商环境的改革成效。

营商环境并非抽象的概念,而是体现在服务企业的一件件事项上。纵观投资"接二连三"的地方,人人重视营商环境、人人都是营商环境、时时处处都讲营商环境,浓厚氛围让项目落地快速便捷;许多干部当好"服务员",积极服务让企业如沐春风。也正是这样的努力,推动营商环境改革向纵深发展,提振了企业再投资的信心。可以说,"接二连三",既印证着"改革是发展的动力"这一道理,也折射着各地干部"既当改革促进派、又当改革实干家"的担当作为。

优化营商环境的过程,是一个不断深化改革冲破思想观念束缚、突破利益固化藩篱的过程,需要不断攻坚克难。为了让项目投产跑出"加速度",一些地方的党员干部以"马上就办、办就办好"的态度,帮企业赶进度、抢速度,并全流程跟踪项目进展;有的亲身体验"走流程",找堵点、摸痛点,让服务更高效;有的靠前作为,变"被动受理"企业诉求为"主动问需"……这深刻启示我们,哪里的干部勇于向难处攻坚、往关键处挺进,不断提升工作效能,哪里的营商环境就会更优,哪里就能抢抓更多发展机遇。敢于担当,敢于啃硬骨头,敢于涉险滩，正是"既当改革促进派、又当改革实干家"的内在要求。

从服务一家企业，到服务一片企业；从一家企业追加投资，到一片企业"接二连三"，营商环境的优化，背后有干部作风的提升，也有制度层面的创新。在"特斯拉速度"背后，有这样一个故事：通过服务特斯拉上海工厂，上海自贸试验区临港新片区管委会高新产业和科技创新处，总结出一套"特斯拉服务模式"——从企业感受出发，围绕项目实际发展需求，突破一些固有框架，让制度围绕创新转、服务围绕企业转。"临港新片区一体化信息管理服务平台"启用后，聚焦工程建设领域的全生命周期申报、审批和信用管理，努力实现100%最多跑一次，100%行政行为可追溯。在临港，"特斯拉速度"逐渐成为常态，越来越多企业从"头回客"变成了"回头客"。把深化改革攻坚同促进制度集成结合起来，加强制度创新充分联动和衔接配套，进一步提升改革整体效能，这同样是当好改革促进派和实干家的题中应有之义。

法治是最好的营商环境。习近平总书记强调："改革和法治如鸟之两翼、车之两轮。"优化营商环境，需要用好改革和法治两个抓手。一项行政备案改革探索，彰显改革与法治相辅相成、互相促进的关系。近年来，四川成都将行政备案规范管理改革作为"小切口"发力点，持续深化行政审批制度改革，不断提升行政备案规范化、便利化水平，进一步破除市场准入隐形壁

思想平台

垒。前不久,《成都市行政备案管理办法》出台,将规范行政备案经验做法上升固化为制度设计,其中事项精简等企业普遍关心的多条建议被采纳,为企业带来了更多获得感,增强了经营主体的信心。当好改革促进派和实干家,就必须坚持在法治下推进改革,在改革中完善法治,以法治助力提信心、稳预期、促发展。

党的二十届三中全会《决定》提出,"营造市场化、法治化、国际化一流营商环境"。无论是提升投资经营便利化水平,还是清除市场壁垒,加强知识产权保护,都应坚持向改革要动力,也都需要以钉钉子精神抓改革落实。永葆"闯"的精神、"创"的劲头、"干"的作风,增强改革定力,持之以恒、久久为功,持续营造一流营商环境,方能让"接二连三"的故事不断上演。

习近平总书记强调:"改革开放只有进行时、没有完成时。"敢于担当、善于作为,困难就能一个个克服,问题就能一个个解决,改革便能做到"蹄疾而步稳"。而这,呼唤着更多党员干部坚定改革决心和信心,增强推进改革的思想自觉和行动自觉,当好改革促进派和实干家。

《人民日报》(2024年07月23日第05版)

提振干事创业精气神

李 斌

越是气势恢宏的篇章,越需要精益求精地书写。

习近平总书记在湖北考察时强调:"要紧紧围绕抓改革促发展加强党的建设,提振党员干部干事创业精气神,既勇于开拓创新又持之以恒抓好落实,既敢拼敢闯又善于团结协作,努力创造经得起历史、实践和人民检验的业绩。"

抓改革促发展,既要重视方式方法,又要重视信心决心、态度行动。强化理论武装,思想认识就能更加统一,干事创业就更有方略;强化队伍建设、人才建设,经济发展就能更有活力和动能;强化正风反腐,就能以政治生态的风清气正托举营商环境的山清水秀。着力提高领导干部谋划、推动、落实改革的能力,引导干部树立与进一步全面深化改革相适应的思想作风和担当

思想平台

精神，正是加强党的建设的题中应有之义。

跳起来才能摘到果子，沉下去才能摸准暗礁。推进改革发展，勇于开拓创新是必备的品质。从上海自贸试验区破冰试水到各地自贸试验区多点开花，从浙江、重庆率先开展专属商业养老保险试点到支持更多符合条件的养老保险公司参与商业养老金业务……全面深化改革往纵深推进的每一步，无不是开拓创新的结果。火苗总向上腾，改革要往前走，由不得停一停、歇一歇，由不得打折扣、搞变通。

改革不只有雷霆万钧、猛药去疴，也有稳扎稳打、润物无声。持之以恒抓好落实，意味着必须一步一个脚印，"有领导有步骤推进改革，不求轰动效应，不做表面文章"。雄安新区实现从"一片地"到"一张图"再到"一座城"的华丽蝶变，海南自贸港建设循序渐进、进入封关运作攻坚期，体现的都是精耕细作、步步为营。目标上有定力，战略上有耐心，举措上要务实，改革才能行稳致远，发展才会稳中向好。

改革改的是体制机制，动的是既得利益，需要敢动真格、善打硬仗，"以自我革命精神推进改革"。没有供给侧结构性改革的牵引拉动，就不可能实现经济发展质量和效益大幅提升；没有污染治理的大刀阔斧，就不可能有美丽中国的崭新图景。敢于打破那些不合时宜的坛坛罐罐，突破那些束缚活力的条条框框，我们才能通过改革掌握发展主动权。

改革在"全面深化"上用力，落实需要更加注重"系统集成""协同联动"。沪苏浙皖三省一市的人大"牵手"合作，从长三角生态绿色一体化发展示范区建设，到长江流域禁捕，再到推进长三角区域社会保障卡居民服务一卡通，协同立法实践取得实质性进展。十部门联合印发《数字化绿色化协同转型发展实施指南》，推动新兴技术与绿色低碳产业深度融合，利用数智技术、绿色技术改造提升传统产业。善于团结协作，增强的必是改革发展的动力和合力。

改革大潮奔涌向前，必须着力强化敢于担当、攻坚克难的用人导向，把那些想改革、谋改革、善改革的干部用起来。今天抓改革促发展，环境、条件、基础等更好，党员干部完全可以放开手脚大胆试、大胆闯、自主改。

一切美好的蓝图，都是一招一式干出来的、夜以继日拼出来的。瞻望前程，发展上升通道的"势"、战略机遇的"时"，与主动改革、积极改革创造的"机"，交相辉映、相得益彰。激发决心和干劲，汇聚各方面改革发展的合力，我们的事业必能在爬坡过坎中不断向前迈进。

《人民日报》（2024 年 11 月 11 日第 04 版）

干事创业得有一股子劲

常　晋

　　干事创业，那是要在现实的土壤里开出理想的花，没有一股子劲是办不到的。

　　最近涌现出来的创新热潮中，我们频频看到这样的人生故事："想试试改变世界"的宇树科技创始人王兴兴，坚信"踏上取经路，比抵达灵山更重要"的《黑神话：悟空》制作人冯骥，还有"作品不能给自己留后路"的《哪吒之魔童闹海》（以下简称《哪吒2》）导演饺子，他们身上一个共同的闪光点，就是都有一股子劲。

　　这股子劲，让他们一往无前、倾其所能，让他们但问耕耘、不问收获，让他们"永远在路上""总还能更好"。

　　这股子劲，是一种"痴"。干事创业，是一场马拉松，没有

"秘籍""捷径",不焕发出强大的热情,没有一股子痴劲,做不到快乐中奉献、奉献中快乐,就难以抵达光辉的终点。

数学家陈景润,钻研时常入忘我之境,漫步时突遇降雨,却仍沉浸思考浑然不觉;核物理学家于敏,做梦都在想氢弹,缺少研究装备就靠算盘和计算尺完成巨量数据测算……在那些抵达"山顶"的人身上,我们总能发现"痴"的一面,纯粹的热爱、极致的专注,让他们如阳光透过放大镜般,将身心能量汇聚于一处,升腾起炽热的火焰,耀眼而夺目。

这股子劲,是一种"韧"。通往梦想的道路,不会铺满鲜花,往往荆棘丛生、充满坎坷,面临"九九八十一难",何以关关难过关关过?靠的就是一股子韧劲,而坚韧,来自相信。

王兴兴说:"有些人只有看见了才相信,而有些人因为相信,所以看见。"因为相信,他在创业初期"你们凭什么"的质疑中,坚持自主研发,立志"让机器人走进千家万户"。冯骥说:"不能只在已经赢的时候才自信。今天输了,明天还可能会输,可那又如何?"因为相信,他在国产3A游戏的"无人区",笃定"中国单机市场一定会存在,而且潜力巨大"。

心中有信念如灯,相信相信的力量,就有了对抗浮躁的定海神针,有了穿越迷雾的导航司南。

这股子劲,还表现为"闯"。做成事往往需要持续挑战极限,不断突破自我,没有一股子闯劲,很难劈波斩浪,抵达别人未曾抵达的新境界。

饺子毕业后"家里蹲"3年，制作首部动画短片；成立工作室，"死磕"5年制作《哪吒之魔童降世》；其后以更高标准，再花5年打磨《哪吒2》；当大家还在庆祝《哪吒2》不断创造纪录时，饺子已宣布"闭关"，投入新作品的创作。这股"笃行不怠、不曾稍离"的闯劲，是干事创业的力量所在，也是追梦圆梦的信心所在。

这世间不乏"聪明人"，热衷走"终南捷径"，但那些肯下笨功夫、苦功夫、长功夫的人，无疑能走得更远。嫦娥揽月、蛟龙深潜、北斗组网、天眼巡空……这些标注创新发展的里程碑，无一不是科研工作者铆足一股劲，以热爱、以奉献、以坚守、以赤诚浇筑而成。

今天，新一轮科技革命方兴未艾，中国创新大潮奔涌而至，葆有那么一股子劲，苦干实干、孜孜以求，我们定能在干事创业的路上勇往直前、再辟新天！

《人民日报》（2025年04月07日第04版）

突破事务主义的"窄门"

韩骏升

"如果忙忙碌碌,只是机械做事,陷入事务主义,是很难提高认识和工作水平的。"习近平总书记的谆谆告诫,发人深省、启迪心智。作为改革发展的先锋和闯将,广大党员干部只有坚持系统观念和辩证思维,避免陷入事务主义的"窄门",才能走稳走实行而不辍的奋斗路。

干部干事创业是职责所在,抓好落实工作千头万绪,事务多是必然的,但不能乱,不能陷入事务主义。我们强调干事创业,不是盲目地干、机械地干、低效地干,而是要干到实处、干有所获。在实际工作中,有的干部或是沉于案牍劳形、奔于流程形式,做上传下达的"留声机""二传手",进行低水平重复的工作;或是工作缺少方法、干事没有章法,不善于系统谋划,分

思想平台

不清轻重缓急，常常是眉毛胡子一把抓、东一榔头西一棒槌，工作质效大打折扣；抑或是缺乏创造性思维，想当然地应对问题，空转虚耗、偏离靶心……凡此种种的事务主义，不仅导致工作效率低下，严重的还会滋生形式主义、官僚主义问题，阻碍党和国家事业发展。

干工作必须务实，但务实也离不开善于务虚。有句老话讲得很形象：既要低头拉车，又要抬头看路。看路最重要的莫过于弄明白到哪去和怎么走。怎么搞清楚这两点？习近平同志在《之江新语》中指出："在某项工作实际开展之前，先从理论上、思想上、政治上、政策上进行学习、思考、研究、讨论"。务虚是务实的前提和基础，没有做好务虚，务实就如同无头苍蝇，只能盲目瞎转，干起工作也只是机械地执行。因此，理论上清醒坚定，认知上系统深刻，才能看清楚方向、想明白方法，抓落实才能抓到点子上、抓出成效，避免陷入少知而迷、不知而盲、无知而乱的困境。突破事务主义忙忙碌碌的"窄门"，首要的是自觉运用习近平新时代中国特色社会主义思想铸魂、夯基、提能，努力涵养"跳出此山放眼观"的思维心境。要常学常新知其理，常研常悟明其义，领悟好这一重要思想蕴含的坚定信仰追求、历史担当精神、真挚为民情怀和务实思想作风，坚持好、运用好贯穿其中的立场观点方法，既要学懂是什么、为什么，也要思考怎么办、怎么干，通过理论学习掌握科学的思想方法和工作方法，提升看问题、解难题的本领，从而创造性地谋划和推进各项工作。

　　事必有法，然后可成。突破事务主义的"窄门"，党员干部既要怀持担当之责，又要锻造担当之能，巧干而不蛮干，走心而不走形。一是要善谋。所谓"计熟事定，举必有功"。面对复杂的工作局面，要在充分调研的基础上，了解实际情况，掌握一手资料，科学运用战略思维、辩证思维、系统思维等，分析研判工作中的各种因素和条件、机遇和挑战，做到干一步、看三步、想五步。二是要善为。要善于从大处着眼，小处着手，既注重体系协同，又善于牵住"牛鼻子"，既从当下虑长远，又从长远看当下，既在大事要事上挺膺，又在琐碎细微处精耕，让经手的工作、负责的任务事事经得起问、件件对得上标、项项都有结果。

　　蓄之既久，其发必速。所有的破茧和蝶变，绝非一日之功，而是在寸积铢累中成事成势。党员干部干事成事，从来不是一蹴而就的"百米跑"，而是久久为功的"马拉松"。突破事务主义的"窄门"，就要做坚定的长期主义者，不戚戚于眼前，不耿耿于声名，褪去任性、增强韧性，努力涵养锐气、胆气，坚决克服暮气、娇气，敢于同强者比、与快的赛、向高处攀，多做抓实见效、惠利长远的好事实事，让事务主义变为务实主义，真正把工作做到群众心坎上。

《人民日报》（2025年04月09日第09版）

拓展阅读

毛泽东:"共产党就是要奋斗"

毛 胜

1951年7月,毛泽东同湖南第一师范的老同学周世钊、蒋竹如谈话时,说到1912年在湖南图书馆自学的经历,坦言当时最大的收获是第一次看到世界地图,震撼之余不禁感叹广大人民的痛苦生活,产生了通过革命来改变社会的责任感,从而"下定这样的决心:我将以一生的力量为痛苦的人民服务,将革命事业奋斗到底"。在革命和建设的各个时期,毛泽东反复强调奋斗精神的重要性,要求全党同志坚持奋斗、艰苦奋斗、永久奋斗。

"艰苦奋斗是我们的政治本色"

毛泽东在学生年代,就展现出奋斗者的风采。他在日记里写下了后来十分著名的话:"与天奋斗,其乐无穷;与地奋斗,

拓展阅读

其乐无穷；与人奋斗，其乐无穷。"1917年4月1日，他在第一篇公开发表的文章《体育之研究》中，强调身体是知识和道德的载体，并把体育和国力联系起来，批判重文轻武的颓风，提出一个口号："欲文明其精神，先自野蛮其体魄。"显然，体育运动不过是一种形式，目的是提倡充满朝气的奋斗向上的人生观。

选择马克思主义，创建中国共产党后，毛泽东开始了壮丽辉煌的革命征程。他的实干作风和奋斗精神，特别是面对困难的革命乐观主义，深深地感染了党内同志。比如，湘赣边界秋收起义受挫后，毛泽东果断地领导部队向井冈山转移。行军途中，他双脚磨破，步履艰难。战士们临时捆了一副竹竿担架，要抬他走，毛泽东坚决不肯。同他一起行军的谭希林回忆道："毛泽东同志这种艰苦奋斗的精神，使我们非常感动。"又比如，为了克服陕甘宁边区的经济困难，毛泽东号召全党上下"自己动手，丰衣足食"，领导了以农业为中心的大生产运动。1943年9月，他到"陕北江南"南泥湾视察时，看到王震率领359旅开荒生产的奋斗成就，高兴地说："困难，并不是不可征服的怪物，大家动手征服它，它就低头了。大家自力更生，吃的、穿的、用的都有了。"

革命胜利后，毛泽东一如既往地强调奋斗精神。在他看来，艰苦奋斗不仅是事业成败的关键，还是共产党人的政治本色。

做新时代的实干家

> **拓展阅读**
>
> 1956年8月27日,毛泽东审阅邓小平关于修改党的章程的报告时,作出了两处较大的修改。其中之一,就是在原稿关于中国共产党胜利的原因"要归功于人民群众对于我们的信任和支持,要归功于全体党员的艰苦奋斗"之前,加写了"首先和最主要地"七个字。可见,艰苦奋斗在毛泽东心中的分量。几个月后,1956年11月15日,他在八届二中全会上明确提出"艰苦奋斗是我们的政治本色"的重要论断,还说了两个生动的故事,给人留下深刻印象。一个是"苹果里面出精神":"辽西战役的时候,正是秋天,老百姓家里很多苹果,我们战士一个都不去拿。""战士们自觉地认为:不吃是很高尚的,而吃了是很卑鄙的,因为这是人民的苹果。"另一个是"酸菜里面出政治":1949年有人主张军队要增加薪水,因为"资本家吃饭五个碗,解放军吃饭是盐水加一点酸菜"。毛泽东当时就说"这恰恰是好事。你是五个碗,我们吃酸菜。这个酸菜里面就出政治,就出模范。解放军得人心就是这个酸菜"。

"只为民族与人民求福利"

1944年9月8日,毛泽东出席中央警备团为张思德举行的追悼会,发表了题为《为人民服务》的著名演讲。他指出,共产党人"完全是为着解放人民的,是彻底地为人民的利益工作

拓展阅读

的"。"人总是要死的，但死的意义有不同。""为人民利益而死，就比泰山还重；替法西斯卖力，替剥削人民和压迫人民的人去死，就比鸿毛还轻。"这个讲话深刻揭示了共产党人的价值追求，就是为人民服务，以民族与人民的利益为奋斗目标。

抗战爆发以后，中国共产党从原来遭受严密封锁的狭小天地，走上全国政治生活的大舞台。人们密切关注共产党的政治主张，渴望了解其对"中国向何处去"的看法。为了回答这些问题，毛泽东在1939年和1940年之交接连发表了《〈共产党人〉发刊词》《中国革命和中国共产党》《新民主主义论》等文章，旗帜鲜明地提出新民主主义的完整理论，明确指出共产党人"不但为中国的政治革命和经济革命而奋斗，而且为中国的文化革命而奋斗；一切这些的目的，在于建设一个中华民族的新社会和新国家"。抗战胜利后，在选择什么道路和命运的关键时刻，毛泽东在中共七大上坚定不移地说："我们的任务不是别的，就是放手发动群众，壮大人民力量，团结全国一切可能团结的力量，在我们党领导之下，为着打败日本侵略者，建设一个光明的新中国，建设一个独立的、自由的、民主的、统一的、富强的新中国而奋斗。"

经过波澜壮阔的人民解放战争，中国共产党领导全国人民摧毁了国民党的反动政权，基本上完成中国民主革命反帝反封

拓展阅读

建最主要的历史任务。这充分证明了一点，就是毛泽东所说的："共产党员是一种特别的人，他们完全不谋私利，而只为民族与人民求福利。"也正因为共产党人"不论遇着何事，总是以群众的利益为考虑问题的出发点，因此他们就能获得广大人民群众的衷心拥护，这就是他们的事业必然获得胜利的根据"。

新中国成立后，毛泽东高度警惕官僚主义和特权现象，告诫全党同志继续为民族与人民求福利。1957年3月18日，他在山东省级机关处以上党员干部会议上发表讲话，批评一部分同志不仅"革命意志有些衰退，革命热情有些不足，全心全意为人民服务的精神少了"，而且"闹地位，闹名誉，讲究吃，讲究穿，比薪水高低，争名夺利"。并明确提出："共产党就是要奋斗，就是要全心全意为人民服务，不要半心半意或者三分之二的心三分之二的意为人民服务。"之后又多次强调要提倡艰苦奋斗。

"永久奋斗""奋斗到底"

在毛泽东眼中，奋斗是一个方法，更是一种姿态，必须坚定不移、始终如一。1939年5月30日，他在西北青年救国会举行的模范青年授奖大会上指出，永久奋斗是中国青年运动的革命传统，模范青年必须是永久奋斗的模范。并语重心长地说："永久奋斗，就是要奋斗到死。"他号召大家，不仅自己要永久奋斗，

拓展阅读

还要教育后代永久奋斗，一代一代传下去，"不达目的不止"。

基于永久奋斗的视角，毛泽东向来推崇一贯地为民族与人民而奋斗之人。1937年10月19日，他在延安陕北公学纪念鲁迅逝世周年大会上指出，纪念鲁迅，就要学习鲁迅的精神，"他一贯地不屈不挠地与封建势力和帝国主义作坚决的斗争，在敌人压迫他、摧残他的恶劣的环境里，他忍受着，反抗着"，"充满了艰苦斗争的精神的"。1940年1月15日，毛泽东在中共中央为吴玉章60诞辰举行的祝贺大会上又说："一个人做点好事并不难，难的是一辈子做好事"，"我们的吴玉章老同志就是这样一个几十年如一日的人"，"我们要学习他的各方面的好处，但特别要学习他对于革命的坚持性"。

面对困难，要坚持奋斗；战胜困难之后，还要继续奋斗。唯有如此，才能从胜利走向胜利，实现宏伟目标和远大理想。1949年3月5日，毛泽东在七届二中全会上提醒全党，要防止因胜利而骄傲、以功臣自居、停顿起来不求进步、贪图享乐不愿再过艰苦生活等情绪的滋长，要警惕别人用糖衣裹着的炮弹的攻击。他说了一句名言："夺取全国胜利，这只是万里长征走完了第一步。"革命以后的路程更长，工作更伟大、更艰苦。"务必使同志们继续地保持谦虚、谨慎、不骄、不躁的作风，务必使同志们继续地保持艰苦奋斗的作风"。

拓展阅读

为了在实现民族独立、人民解放的基础上继续完成国家富强、人民富裕的历史任务，毛泽东一再要求全党全国人民保持奋斗姿态，不断进步前行。1954年9月15日，他在一届全国人大一次会议开幕词中郑重宣布："我们有充分的信心，克服一切艰难困苦，将我国建设成为一个伟大的社会主义共和国。"1956年9月15日，他在中共八大开幕词里开宗明义，进一步指出："我们这次大会的任务是：总结从七次大会以来的经验，团结全党，团结国内外一切可能团结的力量，为了建设一个伟大的社会主义的中国而奋斗。"这些充满激情、质朴有力的话语，充分表达了建设社会主义现代化强国的坚定意志，极大地激励着各族人民为实现这一宏伟目标而奋勇前进。

《学习时报》（2018年09月10日第A5版）

理论茶座

做进一步全面深化改革的促进派实干家

王 刚

以深化改革引领创新破题、发展破局,是我们党的优良传统和宝贵经验。党的二十届三中全会通过的《中共中央关于进一步全面深化改革、推进中国式现代化的决定》(以下简称《决定》)根据党在新时代新征程的使命任务,紧紧围绕推进中国式现代化这个主题,就进一步全面深化改革、推进中国式现代化作出战略部署,是指导新征程上进一步全面深化改革的纲领性文件,充分体现了以习近平同志为核心的党中央完善和发展中国特色社会主义制度、推进国家治理体系和治理能力现代化的历史主动。进一步全面深化改革、推进中国式现代化,组织部门身在其中、重任在肩,必须发挥带头作用,努力学在深处、干在实处,做进一步全面深化改革的促进派、实干家。

在认识重大意义中增强政治自觉

党的二十届三中全会是在以中国式现代化全面推进强国建设、民族复兴伟业的关键时期召开的一次十分重要的会议。深入学习贯彻党的二十届三中全会精神，坚定不移贯彻落实党中央改革决策部署，就要切实增强进一步全面深化改革的政治自觉、思想自觉、行动自觉。

联系新时代以来全面深化改革的成功实践和伟大成就，深入学习领会党的二十届三中全会精神，就会愈加深切认识到，新时代全面深化改革取得历史性伟大成就，根本在于习近平总书记领航掌舵，在于习近平新时代中国特色社会主义思想科学指引。就会愈加深切认识到，以中国式现代化全面推进强国建设、民族复兴伟业，必须坚持用好改革开放这个重要法宝，坚定进一步全面深化改革的信心决心；"六个坚持"重大原则集中体现了习近平总书记关于全面深化改革重要论述的核心要义，体现了习近平新时代中国特色社会主义思想的世界观、方法论，务必在进一步全面深化改革的实践中坚持好、运用好、发展好。就会愈加深切认识到，党的二十届三中全会提出的一系列重大改革举措，目标清晰、指向明确、重点突出、系统集成，都是实打实的，具有鲜明的战略性、前瞻性、引领性，必将为中国式现代化提供强大动力和制度保障。就会愈加深切认识到，全面建设社会主义现代化国家、全面推进中华民族伟大复兴，关键在党，必须旗帜鲜明坚持和加强党的全面领导，旗帜鲜明维护党中央权威和集中统一领导；党的组织路线是为党的政治路线服务的，组织部门、组织工作必须以服务保障党的中心任务为职责使命，为进一步全面深化改革、推进中国式现代化提供坚强保障。

在领会精髓要义中把握根本遵循

党的十八届三中全会以来，习近平总书记亲自领导、亲自部署、亲自推动全面深化改革工作，科学总结历史经验，深刻把握改革规律，运用马克思主义的立场观点方法，创造性提出一系列新思想、新观点、新论断，明确回答了新时代为什么要全面深化改革、怎样推进全面深化改革等重大问题，为进一步全面深化改革提供了根本遵循。我们要深入学习领会习近平总书记关于全面深化改革的一系列新思想、新观点、新论断的精髓要义，落实到进一步全面深化改革实践中。

昭示"举旗定向、坚如磐石"的鲜明政治性。习近平总书记指出："党的领导是进一步全面深化改革、推进中国式现代化的根本保证。"进一步全面深化改革，必须在党中央集中统一领导下进行，确保改革始终沿着正确政治方向前进。《决定》提出进一步全面深化改革必须贯彻的"六个坚持"重大原则，其中排在首位的是"坚持党的全面领导"。这深刻表明，改革无论怎么改，一定要旗帜鲜明讲政治，坚持正确政治方向，在涉及道路、旗帜、方向等根本性问题上始终保持清醒头脑。

蕴含"枝叶关情、心系苍生"的坚定人民性。习近平总书记强调："为了人民而改革，改革才有意义；依靠人民而改革，改革才有动力。"进一步全面深化改革，必须以促进社会公平正义、增进人民福祉为出发点和落脚点，以实绩实效和人民群众满意度检验改革，人民有所呼、改革有所应,顺应民心、尊重民意、关注民情、致力民生,更好满足人民群众对美好生活的新期待。

彰显"守正创新、系统集成"的内在科学性。习近平总书记指出:"要坚持守正创新,改革无论怎么改,坚持党的全面领导、坚持马克思主义、坚持中国特色社会主义道路、坚持人民民主专政等根本的东西绝对不能动摇,同时要敢于创新,把该改的、能改的改好、改到位,看准了就坚定不移抓。"进一步全面深化改革,既要有道不变、志不改的强大定力,又要有敢创新、勇攻坚的锐气胆魄,还要强化系统集成,加强对改革整体谋划、系统布局,不断增强改革的系统性、整体性、协同性。

体现"躬身入局、务实求效"的突出实践性。习近平总书记强调:"党政主要负责同志是抓改革的关键,要把改革放在更加突出位置来抓,不仅亲自抓、带头干,还要勇于挑最重的担子、啃最硬的骨头,做到重要改革亲自部署、重大方案亲自把关、关键环节亲自协调、落实情况亲自督察,扑下身子,狠抓落实。"党的二十届三中全会对进一步全面深化改革作出全面部署,把这些重要改革部署落到实处,党员干部必须拿出抓铁有痕、踏石留印的韧劲抓好落实。

在聚焦主责主业中彰显使命担当

学习好贯彻好党的二十届三中全会精神是当前和今后一个时期全党全国的一项重大政治任务。作为组织部门的党员干部,必须带着深厚感情学、带着执着信念学、带着实践要求学,不断提高政治站位、强化责任担当,推动各项改革举措落到实处。

做新时代的实干家

切实增强推动党的二十届三中全会精神落地落实的使命感责任感。聚焦提高党的领导水平和长期执政能力,扎实推进党的组织制度、干部人事制度、基层组织建设制度、人才发展体制机制改革,是组织部门直接承担的任务,必须全力以赴完成好,做到属于中央事权的不抢跑、要求抓紧落实的不迟滞、鼓励地方创新的在准确把握党中央改革决策部署精神前提下积极探索,细化任务举措,以清单式、项目化推进党的建设制度改革。《决定》提出300多项重大改革举措,都是涉及体制、机制、制度层面的内容,贯彻落实这一系列重大改革举措,需要组织部门发挥组织优势、整合组织资源、用好组织力量、强化组织推动,特别是通过抓好培训、建强组织、用好干部、强化考核、盘活人才,激励引导广大党员干部保持改革锐气、增强改革本领、勇担改革重任。要把学习贯彻党的二十届三中全会精神同贯彻落实习近平总书记在河南考察时的重要讲话重要指示精神结合起来,与贯彻落实全国组织工作会议、全国组织部长会议部署结合起来,以钉钉子精神把改革任务一项一项抓落地、抓到位、抓见效。

以实绩实效和人民群众满意度检验党的建设制度改革。一是围绕深化党的创新理论武装,持续健全以学铸魂、以学增智、以学正风、以学促干长效机制。坚持以习近平新时代中国特色社会主义思想为指导,深入学习贯彻习近平总书记关于全面深化改革的一系列新思想、新观点、新论断,扎实开展大规模、体系化、全覆盖教育培训,认真落实理论学习中心组学习、读书班、"第一议题"、专题党课、专题研讨、轮训培训等具体制度,把理论学习抓在日常、融入经常。二是围绕选拔使用好干部，持续深化干部人事制度改革。坚持党管干部原则，践行新时代好干部标准，强化党组织领导和把关作用，做深做实干部政治素质考察，把政治过硬、敢于担当、锐意改革、实绩突出、清正廉洁的干部选出来、用起来。着眼解决乱作为问题，加强正确政绩观教育，健全有效防范和纠正政绩观偏差工作机制。着眼解决不作为问题，加大调整不适宜担任现职干部力度，推进领导干部能上能下常态化。着眼解决不敢为问题，落实"三个区分开来"，完善容错纠错机制。着眼解决不善为问题，强化专业训练和实践锻炼，精准开展履职能力培训，全面提高干部现代化建设能力，营造有利于进一步全面深化改革的政治生态。三是围绕夯实党的执政根基，持续增强党组织政治功能和组织功能。抓住县乡这个关键，持续深化农村、社区党组织干部队伍建设，优化驻村第一书记和工作队选派管理，以组织振兴推动乡村全面振兴。进一步加强党建引领基层治理，把破解"小马拉大车"问题同为基层减负、强基固本等工作贯通起来一体推进，深入开展新兴领域党建覆盖集中攻坚，进一步构建条块结合、上下联动的党建工作管理体制，积极探索互联网平台企业、快递企业等不同类型企业中的党组织发挥作用的有效机制，切实增强党在新兴领域的号召力、凝聚力、影响力。四是围绕保持先进性、纯洁性，持续完善党员教育管理、作用发挥机制。严把党员入口，突出政治标准，加强政治审查，注重从青年和产业工人、农民、知识分子中发展党员，以流动党员、新兴领域党员为重点，加强经常性教育和日常管理。认真做好不合格党员组织处置工作。积极引导党员立足岗位建功立业，健全党员在应

做新时代的实干家

急动员、网络空间发挥作用的机制,引导广大党员发挥模范作用、树立先锋形象。五是围绕打造国家创新高地和重要人才中心,持续实施更加积极、更加开放、更加有效的人才政策。构建支持全面创新、更加开放融通的人才集聚机制,健全更加灵活高效的人才管理制度机制。以"破四唯"和"立新标"为突破口,深化"唯帽子"问题治理,分类构建以创新价值、能力、贡献为导向的人才评价机制。充分发挥党的政治优势、组织优势、制度优势,推动形成抓改革、促发展的强大合力。

《人民日报》(2024年09月18日第09版)

党的纪律和干事创业是内在统一的

葛亮亮　王云松　殷　烁

"党的纪律既有教育约束功能，又有保障激励作用。党的纪律和干事创业是内在统一的。"近日，习近平总书记在中共中央政治局召开的民主生活会上对党的纪律和干事创业的内在统一关系作出深刻阐释。1月6日，习近平总书记在二十届中央纪委四次全会上强调："加强党的纪律建设是一项经常性工作，要引导党员、干部把他律转化为自律，内化为日用而不觉的言行准则""把从严管理监督和鼓励担当作为统一起来，使干部在遵规守纪中改革创新、干事创业"。

习近平总书记关于"党的纪律和干事创业是内在统一的"这一新的重大论断，是对党的百余年奋斗历史的深刻总结，是对马克思主义纪律观的创新发展，是对正确理解、科学认识遵规守纪和干事创业关系的生动诠释，为广大党员干部永葆共产党人政治本色，投身以中国式现代化全面推进强国建设、民族复兴伟业新征程，不断创造无愧于党、无愧于人民、无愧于时代的业绩，提供了坚强思想保证、强大精神力量和科学理论指引。

党的纪律和干事创业内在统一于党的性质宗旨、初心使命，具体统一于中国式现代化伟大实践

中国共产党是有着高度使命意识的马克思主义政党，自成立之日起就义无反顾肩负起为中国人民谋幸福、为中华民族谋复兴的初心和使命，并为之顽强奋斗、勇毅拼搏。习近平总书记指出："党除了人民利益之外没有自己的特殊利益，党的一切工作都是为了实现好、维护好、发展好最广大人民根本利益"。百余年来，我们党带领全国各族人民干事创业、攻克难关、创造奇迹、谱写史诗，都是为了坚持性质宗旨、践行初心使命。

我们党成立伊始，就把严明的纪律写在自己的旗帜上，这也缘于党的性质宗旨、初心使命，因为要担负实现民族独立、人民解放的历史重任，如果没有铁的纪律，就不可能战胜强大的敌人。1920年，蔡和森致信毛泽东同志，阐述对组织共产党等问题的意见时就提出："党的纪律为铁的纪律，必如此才能养成少数极觉悟极有组织的份子，适应战争时代及担负偌大的改造事业。"毛泽东同志在回信中表示："你这一封信见地极当，我没有一个字不赞成。"党的一大通过的中国共产党第一个纲领，虽然只有15条，但涉及纪律规定的至少有6条。纵观党的百余年历史，党在每个历史时期都高度重视纪律建设，并根据当时的形势、任务科学安排纪律教育内容。在这一过程中，一方面，党的纪律为党践行初心使命、推进事业发展提供了支撑和保障，确保了革命、建设与改革事业从一个胜利走向又一个胜利；另一方面，党干事创业的实践促使党的纪律不断回应重大问题、适应新形势，推动党的纪律体系不断完善和发展。

新时代新征程，党的性质宗旨、初心使命集中体现在以中国式现代化全面推进强国建设、民族复兴伟业上。习近平总书记反复告诫全党："办好中国的事情，关键在党、关键在全面从严治党。""党要管党、从严治党，靠什么管，凭什么治？就要靠严明纪律。"党的纪律和干事创业内在统一于中国式现代化伟大实践。加强党的纪律建设，是实现强国建设、民族复兴伟业的重要保障；领导14亿多中国人民实现中国式现代化这项世所罕见的艰巨事业，对加强党的纪律建设也提出了更高要求。在以中国式现代化全面推进强国建设、民族复兴伟业的关键时期，唯有进一步严明纪律规矩，确保全党坚定拥护"两个确立"、坚决做到"两个维护"，自觉同以习近平同志为核心的党中央保持高度一致，统一思想、统一行动，知行知止、令行禁止，才能形成推进中国式现代化的强大动力和合力。

2024年以来，面对国内外形势带来的挑战，以习近平同志为核心的党中央团结带领全党全国各族人民，沉着应变、综合施策，顺利完成经济社会发展主要目标任务，中国式现代化迈出新的坚实步伐。这一成绩的取得，离不开以习近平同志为核心的党中央的坚强领导。在欢欣鼓舞的同时，我们要清醒认识到，在新征程上，我们党面临形势环境的复杂性和严峻性、肩负任务的繁重性和艰巨性世所罕见、史所罕见。目前，同推进中国式现代化的伟大社会革命相比，我们党的自身建设还存在一些不匹配、不适应的地方。例如，党风廉政上的一些问题具有反复性和顽固性，稍不注意就会有反弹回潮的可能；滋生腐败的土壤和条件仍然存在，反腐败斗争还面临不少顽固性、多发性问题；一些党员干部对党规党纪不上心、不了解、不掌握等问题在党纪学习教育前还不同程度存在。为此，我们党2024年在全党开展党纪学习教育，推动各级党组织和领导班子从严抓好党的纪律建设，推动广大党员干部自觉做到忠诚干净担当。只有坚定不移全面从严治党，切实把纪律和规矩挺起来、立起来、严起来，使我们党不断去杂质、强免疫、壮筋骨，才能确保党始终成为中国特色社会主义事业的坚强领导核心，成为中国式现代化的坚强领导力量，从而做到有力有效应对各类风险挑战，坚定不移走好"新的赶考之路"。

"党的纪律和干事创业是内在统一的"这一新的重大论断蕴含深刻的历史逻辑、理论逻辑、实践逻辑，彰显鲜明的科学性、真理性、实践性、指导性

"党的纪律和干事创业是内在统一的"这一新的重大论断，立足我们党百余年来波澜壮阔的奋斗历程，聚焦新时代全面从严治党的伟大实践，科学提炼、深刻总结党的纪律建设的成功经验，蕴含深刻的历史逻辑、理论逻辑、实践逻辑，彰显鲜明的科学性、真理性、实践性、指导性，闪耀着马克思主义的真理光芒。

从历史逻辑看，用铁的纪律教育、约束、保障、激励党员干部，是贯穿党的历史的一条红线，也是党的事业不断胜利发展的重要保证。100多年来，我们党之所以能够经受各种风险考验，战胜各种困难挑战，一个关键原因就是始终高度重视纪律建设，保持了高度

党的纪律和干事创业是内在统一的

的凝聚力和战斗力。历史和实践充分证明，什么时候党的纪律严明，党的事业就会蓬勃发展；什么时候党的纪律松弛，党的事业就会遭受挫折。

我们党一经成立，就以严格的纪律立党，党的一大通过的纲领虽然没有使用纪律的概念，但包含了政治纪律、组织纪律、保密纪律等相关内容。党的二大通过的第一部党章设立"纪律"专章，对党的纪律作了规定。党的五大首次将严守纪律提到党员义务层面，首次明确提出"政治纪律"的概念，并设立党的历史上第一个中央纪律检查监督机构——中央监察委员会。从井冈山时期的"三大纪律八项注意"，到延安时期的"纪律是执行路线的保证"；从解放战争胜利前夕的"加强纪律性，革命无不胜"，到党中央"进京赶考"前的"两个务必""六条规定"；从新中国成立后的严肃查处刘青山、张子善贪污案，到改革开放后的全面整党、整肃党的纪律……特别是党的十八大以来，以习近平同志为核心的党中央以解决大党独有难题的清醒和坚定，把纪律建设摆在更加突出的位置，不断把全面从严治党的丰富理论和实践成果上升为制度规范、转化为纪律要求，实现党的纪律建设与时俱进，为推动党和国家事业取得历史性成就、发生历史性变革提供了有力纪律保障。100多年来，我们党之所以能够发展壮大、不断从胜利走向新的胜利，一个十分重要的方面，就在于始终把加强纪律建设作为推动事业发展的重要保证。正如美国记者埃德加·斯诺在《红星照耀中国》中所感叹的，"共产党所采用的方法和组织都讲严格的纪律"，这种团结一致"如果不能说明他们的胜利的话，在很大程度上说明了共产党人为什么能够免遭消灭"——正是铁的纪律，为在不同阶段党的路线方针政策得到贯彻落实打下了坚实根基，为我们党始终赢得人民群众爱戴和拥护、团结带领人民不断从胜利走向胜利提供了坚强保障。

从理论逻辑看，纪律严明是马克思主义政党的本质属性和内在要求，进行人类历史上最广泛、最彻底、最深刻的社会变革需要纪律的保障。干事创业需要发动组织的力量、集体的力量，严明的纪律能将组织中的每个成员凝聚起来，形成和保持高度的团结统一，产生创造力、向心力和战斗力。"千人同心则得千人力，万人异心则无一人之用。"历史和现实告诉我们，任何一个先进政党，都应当具有科学、系统、权威的纪律；一个纪律松弛、组织涣散的政党决不是先进政党。

组织严密、纪律严明是马克思主义政党区别于其他政党的鲜明特征。马克思、恩格斯在创建马克思主义政党的实践中高度重视党的纪律问题。马克思在写给恩格斯的信中强调："我们现在必须绝对保持党的纪律，否则将一事无成。"恩格斯认为："没有任何党的纪律，没有任何力量在一点的集中，没有任何斗争的武器！那末未来社会的原型会变成什么呢？"列宁从一开始就把健全组织体系、严格党的纪律与促进党的团结统一、赢得和巩固政权联系在一起，认为"如果我们党没有极严格的真正铁的纪律"，"那么布尔什维克别说把政权保持两年半，就是两个半月也保持不住。"

历史上多次革命实践的失败也验证了马克思主义经典作家对纪律重要性的判断。1926年，毛泽东同志在《纪念巴黎公社的重要意义》一文中分析，巴黎公社失败的第一个主要原因是，"没有一个统一的集中的有纪律的党作指挥——我们欲革命成功，必须势力集中行动一致，所以有赖于一个有组织有纪律的党来发号施令。"因为没有一个统一的政党，巴黎公社内部意见分歧，势力分散，给了敌人可乘之机。清末革命党人在辛亥革命后的分崩离析也说明了纪律对于一个政党及其事业的重要性。革命党人成员复杂、组织松散，没有形成一个由有着共同理想和严格纪律约束而组成的坚强核心力量，即便当时最大的革命党同盟会也缺乏严明的纪律。辛亥革命一开始，在同盟会中一贯闹派别纠纷的章太炎就发声："革命军起，革命党消，天下为公，乃克有济。"此言一出，加深了同盟会内部的矛盾。后来孙中山多次批评道："革命党的失败，都是在这句话上面，这是我们大家不可不彻底觉悟的"。

当代中国正经历着我国历史上最为广泛而深刻的社会变革，也正进行着人类历史上最为宏大而独特的实践创新。这种前无古人的伟大实践，需要党坚强有力的领导。只有严明的纪律，才能确保全党团结成"一块坚硬的钢铁"，才能确保我们党领导的伟大社会革命无往而不胜。

从实践逻辑看，以中国式现代化全面推进强国建设、民族复兴伟业，需要全党在纪律的约束和激励下自觉同以习近平同志为核心的党中央保持高度一致，统一思想、统一行动，知行知止、令行禁止，形成强大合力。党的十八大以来，以习近平同志为核心的党中央坚定不移全面从严治党，党的纪律规矩鲜明地立起来、严起来，有腐必反、有贪必肃，不断纯洁干部队伍，从根本上扭转了管党治党宽松软状况。正是因为新时代的革命性锻造，我们党才能有强大凝聚力和战斗力，才能引领中国号巨轮向着实现中华民族伟大复兴的目标劈波斩浪、行稳致远。

当前，我国正处于以中国式现代化全面推进强国建设、民族复兴伟业的关键时期。面对长期存在的"四大考验"和"四种危险"，如果没有铁的纪律，党的团结统一就无法保证，党的凝聚力和战斗力就会大大削弱。习近平总书记指出："党面临的形势越复杂、肩负的任务越艰巨，就越要加强纪律建设，越要维护党的团结统一，确保全党统一意志、统一行动、步调一致前进。"我们党作为世界上最大的马克思主义执政党，既有办大事、建伟业的巨大优势，也客观存在着大党独有难题。加强纪律建设是全面从严治党的治本之策，只有依靠铁的纪律，才能维护党的形象，才能巩固红色江山，才能赢得确保党不变质、不变色、不变味的历史主动，才能赢得党团结带领全体人民为强国建设、民族复兴伟业共同奋斗的历史主动。

进一步强化严的基调、严的措施、严的氛围

习近平总书记深刻指出："当前反腐败斗争形势仍然严峻复杂。腐败存量尚未清除，增量还在持续发生，铲除腐败滋生土壤和条件任务仍然艰巨繁重。"2024年，中央纪委国家监委网站发布了58名中管干部接受审查调查的消息；2024年，中央纪委国家监委瞄准教育、就业、医疗等民生领域的痛点难点开展集中整治，直接查办督办群众身边腐败案件2633起；2024年1至11月，"天网2024"行动共追回外逃人员1306人，追回赃款154.44亿元……这是党的十八大以来，以习近平同志为核心的党中央以刀刃向内的勇气向党

内顽瘴痼疾开刀，以雷霆万钧之势推进全面从严治党的生动缩影、重要成果。从打虎"无禁区"，到拍蝇"零容忍"，再到猎狐"撒天网"，一系列全面从严治党的组合拳释放出反腐败斗争始终保持高压态势的强烈信号，形成不敢腐、不能腐、不想腐的强大震慑。

党的纪律为正确行使权力、防止以权谋私划出了底线、设置了禁区，是党员干部保持清正廉洁的安全防护栏。正所谓"无规矩不成方圆，有敬畏才知行止"。我们党作为世界上最大的马克思主义执政党，之所以能够始终成为时代先锋、民族脊梁，始终得到人民群众的拥护和支持，始终保持旺盛生命力和强大战斗力，一个根本原因就是我们党始终坚持用改革精神和严的标准管党治党。党的纪律是我们党在长期的革命、建设、改革实践中随着党的事业发展形成的，体现出党的初心使命、根本宗旨、优良作风。党的十八大以来全面从严治党的实践充分表明，只有切实加强党的纪律建设，使广大党员干部真正学纪、知纪、明纪、守纪，才能从根本上解决党的观念淡漠、组织涣散和领导弱化问题，使党的领导真正全面加强。

"严守党的纪律"是入党誓词的重要内容，每一名党员都应该铭记在心。广大党员干部只有学习纪律、知晓纪律，才能厘清各项纪律的内在关系、把握内涵实质、明确标准规范，不断检视、剖析、反思自己，去杂质、除病毒、防污染，把道德防线、纪律红线、责任界线搞清楚，加强自我约束、提高免疫能力。只有敬畏纪律、遵守纪律，才能抵御腐蚀、百毒难侵，不断增强政治定力、纪律定力、道德定力、抵腐定力，始终做到忠诚干净担当，永葆政治本色。

"宜将剩勇追穷寇，不可沽名学霸王。"在全面从严治党的道路上，我们越过了一个个"娄山关""腊子口"，全面从严治党取得历史性成就，但同时，我们要清醒地看到，全面从严治党还远未到大功告成的时候。在党长期执政条件下，各种弱化党的先进性、损害党的纯洁性的因素无时不有，各种违背初心和使命、动摇党的根基的危险无处不在，党内存在的思想不纯、政治不纯、组织不纯、作风不纯等突出问题尚未得到根本解决，反弹回潮的可能始终存在，稍有松懈就会死灰复燃，新的问题还在不断出现。党面临的执政考验、改革开放考验、市场经济考验、外部环境考验是长期的、复杂的，面临的精神懈怠危险、能力不足危险、脱离群众危险、消极腐败危险是尖锐的、严峻的。我们党历经百年、成就辉煌，千万不能在一片喝彩声中迷失自我，决不能滋生已经严到位的厌倦情绪，不能有差不多了该松口气、歇歇脚的想法，不能有打好一仗就一劳永逸的想法，不能有初见成效就见好就收的想法，要始终保持思想上的冷静清醒、增强行动上的勇毅执着，坚持严的主基调，全面从严、一严到底。

2023年1月，习近平总书记在二十届中央纪委二次全会上用"如何始终不忘初心、牢记使命""如何始终统一思想、统一意志、统一行动""如何始终具备强大的执政能力和领导水平""如何始终保持干事创业精神状态""如何始终能够及时发现和解决自身存在的问题""如何始终保持风清气正的政治生态"等"六个如何始终"概括了中国共产党必须解决的独有难题。解决好这些难题，不是靠棍棒，不是靠刀枪，而是靠纪律，靠的是党要管党、全面从严治党。"事辍者无功，耕怠者无获。"解决大党独有难题是一个长期而艰巨的过程，必须进一步强化严的基调、严的措施、严的氛围,并以愚公移山的恒心、滴水穿石的韧劲,持之以恒坚持下去,确保党永远不变质、不变色、不变味。

进一步激发广大党员干部担当作为、干事创业的内生动力

习近平总书记强调:"遵规守纪,就会拥有干事创业的充分自由和广阔空间。"这深刻阐明了党的纪律之于干事创业的重要意义。在现实中,个别党员干部认为纪律规矩是条条框框,影响自由施展,担心"洗碗越多,摔碗越多",担心因干事出错而受到党纪处分,从而懒政怠政、不担当不作为……这是对党的纪律的误读。事实雄辩地证明,遵规守纪和放手干事从来不是"单选题"。面对前进道路上如疾风骤雨甚至惊涛骇浪般的挑战,我们依然要靠严明的纪律,激发党员干部干净干事、大胆干事的内生动力,为其履职尽责保驾护航。

严守党的纪律,有助于党员干部坚定理想信念,强化宗旨意识,保持政治本色。干事创业,必须有一支政治过硬、适应新时代要求、具备领导现代化建设能力的干部队伍。中国共产党只有确保不变质、不变色、不变味,才能始终成为中国人民的主心骨和中国特色社会主义事业的坚强领导核心。马克思主义政党的先进性和纯洁性不是随着时间推移而自然保持下去的,共产党员的党性不是随着党龄增长或职务提升而自然提高的。对共产党人来讲,动摇了信仰,背离了党性,丢掉了宗旨,就可能在"围猎"中被人捕获。如何坚定信仰、坚守党性、强化宗旨?纪律是很好的"清醒剂"。党员干部严格遵守党的纪律，就能正确处理自律和他律、治身和治心、信任和监督、原则和感情、高标准和守底线的关系，把遵规守纪刻印在心，内化为日用而不觉的言行准则，以党规党纪检视自己的理想信念和思想言行，不断掸去思想上的灰尘，永葆政治本色，强体魄于伟大的自我革命，开新局于伟大的社会革命。

严守党的纪律，有助于党员干部提高规矩意识、廉洁自律意识，树立正确权力观、政绩观、事业观。我们党历来强调纪律的自觉性，习近平总书记要求全党"养成纪律自觉""真正把纪律规矩转化为政治自觉、思想自觉、行动自觉"。党纪具有教育、约束、保障、激励的功能，党员干部只有深刻认识到纪律的重要性，强化自身纪律观念，对纪律葆有敬畏意识，才会明白什么是可以做的，什么是不能做的，从而在行动上实现自律。党的纪律规范着党组织和全体党员的行为，为正确行使权力、防止以权谋私划出了底线、设置了禁区。形象地说，党的纪律犹如道路上的红绿灯、标志线，让行人、车辆明白何时行、何时止，哪儿可以走，哪儿不能去，看似造成了限制，实则是促进了道路交通环境更加安全畅通。相反，倘若党员干部无视这样的警示，将党的纪律视为束缚甚至"眼中钉"，该止步的地方不止步，就会如同失控的汽车，偏离方向、横冲直撞，最终酿成大祸。从这个角度而言，纪律不是束缚干事创业的"绑带"，而是"安全带"，是党员干部抵御诱惑、防止被"围猎"的屏障，是更好干事创业的保证。

严守党的纪律，有助于党员干部严肃工作作风，推动形成风清气正的政治生态。纪严则清正，清正则心齐，心齐则事成。不断加强党的纪律建设，锤炼党性、净化党风，才能实现政治清明、社会清朗，也才能获得人民群众的拥护和支持。反之，如果没有严明的纪律，党员干部工作作风不严肃、党风不纯，人心向背可想而知。现实中，一些干部出问题，往往是从不守纪律、破坏规矩开始的；一些地方政治生态出问题，也往往是纲纪不彰、法度松弛导致的。因而，把纪律这一"明规则"挺在前面，"潜规则"在党内以及社会上自然就会失去土壤、失去通道、失去市场。如此，带来的是山清水秀的政治生态、是干事创业的良好环境，随之形成的是正气充盈的大气候、是积极健康的政治文化，进而滋养人心、涵养生态。在实践中，多地把从严管理监督和鼓励担当作为统一起来，浙江常态化开展澄清正名和查处诬告陷害工作，被澄清正名的干部里有多人得到提拔重用；在涉煤腐败"倒查20年"的内蒙古，2023年GDP增速创2010年以来最好位次……实践充分证明，唯有常念"紧箍咒"，用好"护身符"，方能拥有干事创业的充分自由和广阔空间。

把"党的纪律和干事创业是内在统一的"这一新的重大论断切实转化为推动形成锐意进取、奋勇争先的生动局面

习近平总书记强调："引导推动党员、干部在遵规守纪前提下，勤奋工作、放手干事、锐意进取、积极作为。"在推进中国式现代化进程中，要把"党的纪律和干事创业是内在统一的"这一新的重大论断落到实处，明方向、立规矩，强信心、鼓干劲，引导党员干部真正做到理想信念坚如磐石，对党赤胆忠诚，为党和人民事业忘我奉献，推动形成锐意进取、奋勇争先的生动局面。

坚持教育引导优先，把教育成果转化为干事创业的强大动力。党的纪律教育只有进行时、没有完成时，必须常态长效推进学纪、知纪、明纪、守纪，使纪律教育贯穿干部成长全周期、融入组织管理全过程，更好发挥纪律教育治本功效，让"自觉的纪律"成为党员干部干事创业的坚定行动。党的二十届三中全会《决定》对"建立经常性和集中性相结合的纪律教育机制"作出部署，党员干部要深学细悟习近平总书记关于全面加强党的纪律建设的重要论述，认真贯彻落实党中央《关于推进党纪学习教育常态化长效化的意见》，切实解决对党规党纪不上心、不了解、不掌握的问题。典型是最鲜活的教科书，要注重正面教育与反面警示相结合，创新教育方式，真正让党员干部在受警醒、明底线、知敬畏中知行知止、能为善为。推进政治监督具体化、精准化、常态化，积极引导党员干部正确对待监督、自觉接受监督，经常对照党章党规党纪检身正己，在纪律的"安全区"内立身干事，切实把监督压力转化为干事创业动力。

坚持激励约束并重，在严管厚爱中干事创业。习近平总书记指出："全面从严治党的目的不是要把人管死，让人瞻前顾后、畏首畏尾，搞成暮气沉沉、无所作为的一潭死水"。纪律是管党治党的"戒尺"，也是干事创业的"鼓槌"，必须坚持严管厚爱结合、激励约束并重，使干部既管得住手脚，又放得开手脚。要以精准处置立规明向，认真落实《纪检监察机关准确运用"四种形态"实施办法（试行）》，统筹把握事实证据、纪法标准、思想态度等情形，做到宽严相济、区别处理，确保公平公正、干部服气。落实好"三个区分开来"，科学看待党员干部在干事创业中的失误错误，明辨是"为公"

还是"为私",分清是"无心"还是"有意",既做到大胆容错、果断纠错,又防止保护变庇护、宽容变纵容,精准做到为担当者担当、为负责者负责、为干事者撑腰。惩治诬告陷害行为,对干事创业的党员干部来说,是最大的保护和激励。党的二十届三中全会《决定》对"加强诬告行为治理"作出部署。要及时为受到诬告的党员干部澄清正名,彰显我们党激浊扬清的治理决心,让党员干部更有底气处理复杂矛盾、触及深层利益,更有动力积极作为、攻坚破题。

坚持严的基调、严的措施、严的氛围,在把握好"纪"与"责"的关系中干事创业。遵守党的纪律是无条件的,要说到做到,有纪必执,有违必查,不能把纪律作为一个软约束或者是束之高阁的一纸空文。促进党员干部既遵规守纪又干事创业,必须坚持挺纪在前、以严促行。当然,从严执纪不是"终点站"。对受处分的党员干部,不能一"处"了之,也不能"一棍子打死",而要通过鼓励关心、激励教育,使他们真正认错悔过、重燃干事热情。同时要加强跟踪回访结果运用,对彻底改正错误、工作表现突出的干部,支持组织部门大胆用起来,使干部满怀对组织的感恩之情,积极投身改革发展事业。新征程上,使命任务越艰巨,风险挑战越严峻,越需要党员干部知责于心、担责于身、履责于行。要准确把握"纪"与"责"的关系,通过强有力的执纪问责,推动构建主体明确、要求清晰的责任体系,促进党员干部把干净和担当、勤政和廉政统一起来。要督促党员干部尤其是"关键少数"带头树立和践行正确政绩观,严肃查处不担当不用力、不作为乱作为等问题,推动党员干部把该挑的担子挑起来、该扛的责任扛起来,在锐意进取、积极作为中不断

做新时代的实干家

开辟党和国家事业新天地。

行至半山不停步,船到中流更奋楫。行进在强国建设、民族复兴的关键一程,每一名党员干部都要在以习近平同志为核心的党中央坚强领导下,深刻领悟"两个确立"的决定性意义,增强"四个意识"、坚定"四个自信"、做到"两个维护",自觉肩负起时代赋予的职责和使命,清醒认识到党的纪律对我们党和国家事业发展的重要作用,学纪、知纪、明纪、守纪,争做遵规守纪、干事创业的模范,汇聚起勠力同心、笃行不怠的强大合力,乘风破浪、勇往直前,为以中国式现代化全面推进强国建设、民族复兴伟业做示范、作表率!

《人民日报》(2025年01月07日第09版)

坚持干字当头，确保党中央各项决策部署落到实处

王云松

"社会主义是干出来的，新时代也是干出来的。"习近平总书记的话语铿锵有力、鼓舞人心。"大道至简，实干为要""坚持知行合一、真抓实干，做实干家""我们靠实干创造了辉煌的过去，还要靠实干开创更加美好的未来"……党的十八大以来，习近平总书记始终要求党员干部坚持干字当头，在中国式现代化建设中展现更大作为。今年年初，中共中央政治局常务委员会召开会议指出："坚持干字当头，奋发有为、攻坚克难，确保党中央各项决策部署落到实处"。2025年是"十四五"规划收官之年，要圆满完成"十四五"规划目标任务，为"十五五"良好开局打牢基础。在全面推进中国式现代化的新征程上，广大党员干部必须牢记习近平总书记的重要嘱托，把"干"字作为本职本分，埋头苦干、真抓实干，确保党中央各项决策部署落到实处。

坚持干字当头，撸起袖子加油干，充分展现了党的十八大以来党和国家事业取得历史性成就、发生历史性变革的力量所在

"奋斗"二字是马克思主义政党先进性的重要体现。翻开党章，第一章就明确规定："中国共产党党员必须全心全意为人民服务，不惜牺牲个人的一切，为实现共产主义奋斗终身。"辩证唯物主义认为，全部社会生活在本质上是实践的。马克思主义天然具有注重实干的实践品格，正如马克思曾指出的："哲学家们只是用不同的方式解释世界，问题在于改变世界。"

习近平总书记在 2025 年春节团拜会上强调："一年来，面对复杂严峻形势，我们沉着应变、综合施策，攻坚克难、砥砺奋进，中国式现代化迈出新的坚实步伐。"从我国 5% 的经济增速在世界主要经济体中名列前茅，到国内生产总值首次突破 130 万亿元；从粮食总产量首次迈上 1.4 万亿斤台阶，到我国全球创新指数排名升至第十一位，是 10 年来创新力提升最快的经济体之一……2024 年，在以习近平同志为核心的党中央坚强领导下，全国各族人民坚持以习近平新时代中国特色社会主义思想为指导，坚持干字当头，用努力和汗水浇灌出发展之果、进步之花，顺利完成经济社会发展主要目标任务。

一元复始，万象更新。进入 2025 年，中国人工智能大模型 DeepSeek 对全球用户产生极大吸引力，展现出中国人工智能技术的巨大潜力，这离不开科研团队数年如一日、日拱一卒、脚踏实地潜心研究关键核心技术；《哪吒之魔童闹海》燃动银幕，既叫好又叫座，让世界看到中华优秀传统文化的深度与厚度，这源自近140家中国动画公司、4000余人主创团队的辛苦耕耘和共同努力……只要坚持干字当头，任何艰难险阻都挡不住中国人民追求美好生活的前进步伐，都挡不住我们推进强国建设、民族复兴的历史进程；无论哪条战线、无论哪个领域都能通过奋斗，打开改革发展新天地！

党的十八大以来，以习近平同志为核心的党中央统筹中华民族伟大复兴战略全局和世界百年未有之大变局，经受住了来自政治、经济、意识形态、自然界等方面的风险挑战考验，团结带领全党全军全国各族人民撸起袖子加油干、风雨无阻向前行，党和国家事业取得历史性成就、发生历史性变革，推动我国迈上全面建设社会主义现代化国家新征程，在党史、新中国史、改革开放史、社会主义发展史、中华民族发展史上具有里程碑意义。

比如，以习近平同志为核心的党中央把脱贫攻坚摆在治国理政的突出位置，作为实现第一个百年奋斗目标的重点任务，纳入"五位一体"总体布局和"四个全面"战略布局，作出一系列重大部署和安排，全面打响脱贫攻坚战，历史性解决困扰中华民族几千年的绝对贫困问题。300多万名第一书记和驻村干部，同近200万名乡镇干部和数百万村干部一道践行"不获全胜、决不收兵"的誓言，冲锋陷阵，奋战在扶贫一线；1800多名同志将生命永远定格在了脱贫攻坚征程上……新时代脱贫攻坚的伟大壮举再次雄辩地证明：党的十八大以来伟大成就的取得，既不是天上掉下来的，也不是别人恩赐施舍的，而是我们党领导全国各族人民干出来的。坚持干字当头，不是挂在嘴上的漂亮口号，而是一种行动指南，更是一种精神象征，它深深熔铸于我们党的血液中、基因里、精神上，成为推动党和人民事业不断前进的强大动力、精神支撑、伟大力量。

习近平总书记指出："新征程是充满光荣和梦想的远征，没有捷径，唯有实干。"党的十八大以来，党中央就党和国家事业发展作出一系列重大战略部署。比如，党的二十届三中全会确定了300多项重大改革举措。确保党中央各项决策部署落到实处，一定会面对重大挑战、重大风险、重大阻力、重大矛盾。遇到困难时，唉声叹气有用吗？抱怨埋怨有用吗？自怨自艾有用吗？没有半点用处。只有拿出马上就办、真抓实干的劲头，不等不靠、不推不拖，方能展现新担当、实现新作为，在新时代新征程上赢得更加伟大的胜利和无上的荣光！

坚持干字当头，必须学深悟透习近平新时代中国特色社会主义思想，深刻把握和运用这一重要思想的世界观、方法论和贯穿其中的立场观点方法

"工欲善其事，必先利其器。"所谓"器"，不仅是一般的工具，更是谋事做事成事的方法。方法正确，即使道路曲折，终将实现预期目标；方法错误，轻则举步维艰，重则南辕北辙。坚持干字当头，必须从掌握和运用科学方法入手，这样开展工作才能站得高、看得深、落得准。习近平新时代中国特色社会主义思想既讲是什么、为什么，又讲怎么看、怎么办，生动体现了马克思主义世界观和方法论的统一。坚持干字当头，首要的是学深悟透习近平新时代中国特色社会主义思想，坚持好、运用好贯穿其中的立场观点方法，把党的创新理论变成改造主观世界和客观世界的强大思想武器，以奋发有为的精神状态在推进中国式现代化的伟大实践中书写新辉煌、创造新业绩。

坚持干字当头，必须坚持人民至上。习近平总书记强调："人民对美好生活的向往，就是我们的奋斗目标""中国共产党人的初心和使命，就是为中国人民谋幸福，为中华民族谋复兴。这个初心和使命是激励中国共产党人不断前进的根本动力"。

坚持干字当头，要以人民群众满意不满意为根本标尺，始终做到想群众之所想、急群众之所急、解群众之所困，真正把惠民生的事办实、暖民心的事办细、顺民意的事办好。"先祭谷公，再祭祖宗"。每逢春节、清明，福建省东山县的百姓们之所以会自发纪念当年的县委书记谷文昌且几十年未曾改变，就是因为谷文昌率领当地人民苦战十几载，以"不治服风沙，就让风沙把我埋掉"的精神，让海岛变了天地，让百姓换了人间。

坚持干字当头，必须树牢群众观点，充分尊重群众的主体地位和首创精神。习近平总书记语重心长地说："在人民面前，我们永远是小学生，必须自觉拜人民为师，向能者求教，向智者问策"。向人民群众学习，既要善于集中群众智慧，多到基层、多到现场寻找破解难题的"好点子""金钥匙"，为科学决策打下坚实基础，也要充分了解民意民心民情，努力掌握老百姓所思所想所需，让干字当头更有针对性，不断满足人民对美好生活的向往。

坚持干字当头，必须坚持自信自立。习近平总书记深刻指出："党的百年奋斗成功道路是党领导人民独立自主探索开辟出来的，马克思主义的中国篇章是中国共产党人依靠自身力量实践出来的"。

全面推进中国式现代化,必须坚定走自己的路的决心和信心,必须昂扬着独立自主的探索精神和实践精神。面对个别国家热衷于搞"脱钩断链"、建"小院高墙",我们坚持干字当头,加快建设具有完整性、先进性、安全性的现代化产业体系,不断提升产业链供应链韧性和安全水平;面对关键核心技术"卡脖子"问题,我们迎难而上地干、务实踏实地做,加快实现高水平科技自立自强,"墨子"传信、"北斗"组网……一系列重大科技成就令世人为之惊叹,在很多领域努力实现从跟跑、并跑到领跑的跨越转变。

坚持干字当头,必须坚持对马克思主义的坚定信仰、对中国特色社会主义的坚定信念,坚定道路自信、理论自信、制度自信、文化自信,在重大政治问题上有定力、有主见,始终保持战略清醒、战略自信、战略主动,既不信邪,也不怕鬼,更不怕压,全力以赴战胜前进道路上的各种艰难险阻。

坚持干字当头,必须坚持守正创新。习近平总书记指出:"我们从事的是前无古人的伟大事业,守正才能不迷失方向、不犯颠覆性错误,创新才能把握时代、引领时代。"守正创新是我们党在新时代治国理政的重要思想方法。

坚持干字当头,就要在坚持党的全面领导、坚持马克思主义、坚持中国特色社会主义、坚持人民民主专政的基础上,敢于破旧局、辟新径,敢于说前人没有说过的新话,敢于干前人没有干过的事情。不论是力度空前的深化党和国家机构改革,还是清理和废除妨碍全国统一市场和公平竞争的各种规定和做法;无论是部署设立自贸试验区，还是城乡养老并轨……党的十八大以来，全面深化改革正是在守正创新中冲破思想观念束缚和利益固化藩篱，突进深水区、啃下硬骨头。

前进道路上，面临更多的"娄山关""腊子口"，避免不了更多的"激流险滩""风高浪急"，必须把创新摆在国家发展全局的突出位置，大力推进理论创新、实践创新、制度创新、文化创新以及其他各方面创新，不断开辟发展新领域新赛道，不断塑造发展新动能新优势，让创新创造的活力充分涌流、竞相迸发，推动中国式现代化披荆斩棘、行稳致远。

坚持干字当头，必须坚持问题导向。马克思指出："问题就是时代的口号，是它表现自己精神状态的最实际的呼声。"中国共产党人干革命、搞建设、抓改革，从来都是为了解决中国的现实问题。

习近平总书记指出："每个时代总有属于它自己的问题，只要科学地认识、准确地把握、正确地解决这些问题，就能够把我们的社会不断推向前进。"党的十八大以来，以习近平同志为核心的党中央聚焦我国发展和我们党执政面临的重大理论和实践问题，把问题作为研究制定政策的起点，把工作的着力点放在最突出的矛盾和问题上，把化解矛盾、破解难题作为打开局面的突破口，推动中国特色社会主义事业不断向前发展。比如，持之以恒纠治"四风"、以零容忍态度惩治腐败；持续深入打好蓝天、碧水、净土保卫战；等等，彰显了强烈的问题意识、鲜明的问题导向。

坚持干字当头，必须聚焦实践遇到的新问题、改革发展稳定存在的深层次问题、人民群众急难愁盼问题、国际变局中的重大问题、党的建设面临的突出问题真抓实干，让"问题清单"最终成为"成果清单"。

坚持干字当头，必须坚持系统观念。系统观念是辩证唯物主义的重要认识论和方法论，是具有基础性的思想和工作方法。习近平总书记强调："必须坚持系统观念、全局观念，强化战略思维、辩证思维，分轻重缓急，更加注重系统集成。"推进改革发展、调整利益关系往往牵一发而动全身。

新时代以来，党和国家事业之所以取得历史性成就、发生历史性变革，一个重要原因就是我们坚持用系统观念处理好改革发展稳定的关系，整体推进中国特色社会主义各项事业。比如，党的二十届三中全会《决定》统筹部署经济体制改革和其他各领域改革，在改革举措上突出制度、体制和机制的协同性，注重系统集成的特点非常鲜明。

坚持干字当头，必须坚持系统观念，善于通过历史看现实、通过现象看本质，从而在"乱花渐欲迷人眼"的复杂形势中把握好全局和局部、当前和长远、宏观和微观、主要矛盾和次要矛盾、特殊和一般的关系。在具体工作中，坚持干字当头，既要善于"十个指头弹钢琴"，又要真正牵住"牛鼻子"，既要做到统筹兼顾、综合平衡，又要突出重点、带动全局，打破"一亩三分地"的思维定式，通盘考虑各方面情况进展。

坚持干字当头，必须坚持胸怀天下。"世界好，中国才会好；中国好，世界会更好。"这是历史和现实给予我们的真知与启示。

习近平总书记指出："中国共产党是为中国人民谋幸福、为中华民族谋复兴的党,也是为人类谋进步、为世界谋大同的党。"在印尼,中印尼合作建设的雅万高铁为印尼基础设施现代化开启了新篇章;在斐济,菌草这一"幸福草"结出累累"共赢果",成为斐济人民脱贫致富的"金钥匙";在希腊,中希共同努力让比雷埃夫斯港重焕生机……在大时代的风云际会中,中国与各方携手谋大势、担大义、行大道,朝着构建人类命运共同体的崇高目标阔步前行。

坚持干字当头,必须胸怀天下,把自身发展置于世界发展的坐标系之中,弘扬和平、发展、公平、正义、民主、自由的全人类共同价值,推进高质量共建"一带一路",积极践行和落实全球发展倡议、全球安全倡议、全球文明倡议,让"地球村"里的国家共享和平发展繁荣,共同为人类文明进步不断作出新的更大贡献。

坚持干字当头,必须吃透党中央精神,处理好部署和落实的关系

在省部级主要领导干部学习贯彻党的二十届三中全会精神专题研讨班开班式上,习近平总书记强调:"要处理好部署和落实的关系"。干字当头的基础和前提是吃透党中央精神,对以习近平同志为核心的党中央的各项决策部署做到学深悟透、融会贯通。

筑牢政治忠诚,始终同党中央保持高度一致。天下至德,莫过于忠。政治忠诚是党员干部第一位的品质。吃透党中央精神,政治忠诚同样是摆在首位的。完整准确全面理解党中央精神,必须深刻领悟"两个确立"的决定性意义,增强"四个意识"、坚定"四个自信"、做到"两个维护",始终在政治上站得稳、靠得住、行得正。

做新时代的实干家

完整准确全面理解党中央精神，必须不断提高政治敏锐性和政治鉴别力，随时同党中央精神对标对表，对可能影响党中央决策部署贯彻执行的敏感性因素、苗头性问题，做到眼睛亮、见事早、行动快，及时消除各种风险隐患，坚决维护党中央权威和集中统一领导，做到不掉队、不走偏，不折不扣贯彻好党中央精神。

提高政治站位，不断增强认识领悟的能力。正确的实践来自于对党中央精神的正确认识和全面领悟。认识能力提高了、领悟能力增强了，理解、吃透党中央精神的高度、宽度、深度就自然而然提高了、拓展了、加深了，并能够将对党中央精神完整准确全面的理解内化为思想自觉、转化为具体举措。不断增强认识领悟的能力，关键在于对"国之大者"了然于胸，对世界大势、国之大事心中有数，时刻关注党中央在关心什么、强调什么；深刻领会什么是党和国家最重要的利益、什么是最需要坚定维护的立场，以宏大视野观全局、察形势、谋发展。党中央决策部署涉及经济社会发展全过程全链条、各领域各方面，是不可分割的有机整体，只有增强大局意识、整体意识、协同意识，充分考虑政治和经济、发展和民生、生态和开发等多方面综合因素，才能兼顾原则性与灵活性，处理好决策部署"最先一公里"和贯彻落实"最后一公里"的关系。不断增强认识领悟的能力，必须端起历史的望远镜，以动态的眼光、长远的视野，把理解掌握党中央决策部署放到国家发展大势中去研判、决策，搞清楚哪些需要长久性坚持、哪些需要时代性把握，哪些是方向性引领的、哪些又是特定条件下的具体要求。

坚持干净干事，真正把干净和担当、勤政和廉政统一起来。

习近平总书记强调:"党的纪律和干事创业是内在统一的""党的干部都是人民公仆,自当在其位谋其政,既廉又勤,既干净又干事。""干净",是吃透党中央精神的基本前提,如果在"干净"上有瑕疵、出问题,在理解党中央精神上就一定会打折扣;"干事"是吃透党中央精神的重要落脚点,如果在"干事"上搞变通、开小差,落实党中央精神就一定会浮于表面、纸上谈兵。推进中国式现代化是一项艰巨的事业,广大党员干部必须把自己摆进去,既要时刻坚守廉洁自律的红线底线,做到思想干净、用权干净、作风干净、生活干净,又要时刻牢记初心使命、责任担当,把想干事、肯干事、敢干事作为最朴素的方法论,把强国建设的担子挑起来、把民族复兴的责任扛起来,攻坚克难、知重负重,锐意进取、积极作为,在干净和担当、勤政和廉政的统一中,创造出无愧时代、不负人民的新业绩,不断开辟党和国家事业新天地。

扛起政治责任,不折不扣贯彻落实党中央决策部署。习近平总书记强调:"制定出一个好文件,只是万里长征走完了第一步,关键还在于落实文件"。党的历史告诉我们,能否抓好落实、贯彻执行党的大政方针措施和方法是否正确,都在相当程度上影响党和人民事业的发展。新时代以来,我们党团结带领人民群众攻克许多长期没有解决的难题,办成许多事关长远的大事要事,极为重要的一条经验就是在党中央正确决策下全力以赴抓落实。不沉下心来抓落实,再好的目标、再好的蓝图,也只是镜中花、水中月。只有牢牢把握党中央决策部署的总目标、总方向、总要求,一锤接着一锤敲、撸起袖子加油干,才能积小胜为大胜、积跬步至千里。今天,进一步全面深化改革的时间表、路线图已经绘就，能否确保党中央确定的改革方向不偏离、明确的改革任务不落空，能否确保党的二十届三中全会《决定》提出的重大改革举措精准落地，能否确保改革精准对接发展所需、基层所盼、民心所向，关键就在于能否坚持干字当头，把落实中央大政方针的各项工作落细落实。

坚持干字当头，必须坚持一切从实际出发，真正做到求真务实

坚持一切从实际出发，是我们想问题、作决策、办事情的出发点和落脚点。干字当头，并不是蛮干、盲干，而是在掌握规律、方法的基础上作决策、办事情，有针对性、创造性地贯彻落实党中央各项决策部署，从而破解发展难题、厚植发展优势，确保干一件成一件。

党的十八大以来，习近平总书记反复强调、深刻阐释坚持一切从实际出发的重要性，并作出重要要求。比如，2013年12月，习近平总书记在纪念毛泽东同志诞辰120周年座谈会上指出："不论过去、现在和将来，我们都要坚持一切从实际出发，理论联系实际，在实践中检验真理和发展真理"；2015年1月，在十八届中央政治局第二十次集体学习时指出，世界物质统一性原理是辩证唯物主义最基本、最核心的观点，是马克思主义哲学的基石，"遵循这一观点，最重要的就是坚持一切从客观实际出发，而不是从主观愿望出发"；2024年10月，在省部级主要领导干部学习贯彻党的二十届三中全会精神专题研讨班上指出："要实事求是，一切从实际出发，稳扎稳打,积小胜为大胜";等等。深入学习领会习近平总书记的重要论述,就要全面学习掌握世界统一于物质、物质决定意识的原理,坚持以客观实际为出发点脚踏实地、埋头苦干。

坚持一切从实际出发,必须立足当代中国最大的客观实际。当代中国最大的客观实际是什么？就是我国仍处于并将长期处于社会主义初级阶段。这是我们认识当下、规划未来、制定政策、推进事业的客观基点,不能脱离这个基点,否则就会犯错误,甚至犯颠覆性的错误。但在实际工作中,有的同志或是错误政绩观作祟,或是陷入主观主义"迷潭",拍着脑袋决策、拍着胸脯表态,盲目铺摊子、上项目,提出一些不切实际的高指标,最终对当地经济社会高质量发展造成严重影响。比如,某地不顾当地财政实际承载能力盲目举债,仅债务利息一项就给国家造成了9亿余元的重大损失,教训何其惨痛！

干字当头,必须坚持一切从实际出发,深刻认识我国国情,准确把握国际国内形势的变化,客观辩证分析我国阶段性经济特性和不同发展阶段的新变化特点,因地制宜、有的放矢地解决中国的实际问题。如此,方能往前使劲赶、干出新成效,不断增强人民群众获得感、幸福感、安全感。

坚持一切从实际出发,必须立足各地资源禀赋、发展情况千差万别的实际。我国幅员辽阔,从西北大漠到东南沿海,从东北雪原到西南雨林,有2800多个县级行政区、3.8万多个乡级行政区,不同地区自然条件、经济条件差异明显。正如习近平总书记所指出:"要从实际出发,宜水则水、宜山则山,宜粮则粮、宜农则农,宜工则工、宜商则商,积极探索富有地域特色的高质量发展新路子。"

比如,发展新质生产力,重庆依托汽车制造的厚实"家底",持续发力新能源汽车产业赛道,2024年新能源汽车产量达95.32万辆,以"重庆造"助力"中国造",推动中国新能源汽车跑出发展"加速度";青海瞄准"承担着维护生态安全的重大使命"的战略定位,将"绿色低碳"作为产业布局的重要考量,清洁能源、盐湖化工等特色优势产业齐头并进。

再如,推进乡村全面振兴,就要充分发挥好自身比较优势,使本地区的发展建立在自身有利条件基础之上,甘肃天水打好"花牛苹果牌",花牛苹果热销中国,出口至马来西亚等30多个国家和地区,成为国际果、致富果、幸福果;辽宁朝阳范杖子村大力发展生态农业,成为东北最大的甜椒生产基地之一……依托当地优势资源发展特色产业,新时代的中国乡村充满蓬勃生机。这深刻启示我们,坚持干字当头,必须深入研究客观现象、分析客观规律、把握客观要求,从实际发展空间入手,立足自身、因地制宜,从而将发展的主动权、历史的主动权牢牢握在自己手中。

坚持干字当头,必须鼓足干事创业的精气神,始终保持锐意进取的精神状态和迎难而上的奋斗姿态

致力非凡之事业,定有非凡之精神。良好的精神状态,是做好一切工作的重要前提。习近平总书记要求领导干部,"振奋起共产党人应有的精气神,把全部精力用到干事创业上"。在全面推进中国式现代化的新征程上,每一名党员干部唯有振奋起干事创业的精气神,以"时时放心不下"的责任感担当作为，方能在坚持干字当头中打开一片党和人民事业发展的新天地。

鼓足干字当头的精气神，就要永葆干事创业的心态状态姿态。习近平总书记深刻指出："我们党之所以历经百年而风华正茂、饱经磨难而生生不息，就是凭着那么一股革命加拼命的强大精神。"人无精神则不立，国无精神则不强。这种"精神"，就是干事创业的心态状态姿态。井冈山精神、长征精神、"两弹一星"精神、脱贫攻坚精神……以伟大建党精神为源头的中国共产党人精神谱系跨越时空、历久弥新，鼓舞和激励着我们始终提着那么一口气，鼓着那么一股劲，葆有那么一种精气神，风雨无阻、勇往直前。新时代，要有新的精神状态；新使命，更需要新的奋斗姿态。唯有永葆干事创业的心态状态姿态，以逢山开路、遇水架桥的闯劲顽强拼搏、不懈奋斗、善作善为，才能不断书写新的历史、创造新的更大奇迹。

鼓足干字当头的精气神，就要点燃迎难而上的热情激情豪情。"历史的道路不是涅瓦大街上的人行道"。习近平总书记曾引用车尔尼雪夫斯基的名言，生动譬喻事物发展的前进性和曲折性。越是伟大的事业，越是充满挑战。前进道路怎么可能一马平川？必定会有艰难险阻。当前世界百年未有之大变局加速演进，我国发展进入战略机遇和风险挑战并存、不确定难预料因素增多的时期。推进中国式现代化，是一项前无古人的开创性事业。今天，历史的接力棒已经交到我们这一代人手中，需要每一个奋斗者以"功成不必在我"的精神境界和"功成必定有我"的历史担当，心里装着理想、装着事业、装着人民，始终点燃心中"那团火"，叫响"我先上"的号子，

做新时代的实干家

努力接好这一棒,干起来、跑起来,甩开膀子、真刀真枪干一场。唯有以迎难而上的热情激情豪情,保持"越是艰险越向前"的英雄气概,激发"斗罢艰险又出发"的壮志豪情,坚定"不破楼兰终不还"的决心信心,过了一山再登一峰、跨过一沟再越一壑,才能坚决顶起自己该顶的那片天。

鼓足干字当头的精气神,就要激发一往无前的干劲闯劲韧劲。在《红星照耀中国》一书中,美国记者埃德加·斯诺称中国共产党人是"最优秀的男女",有着"经久不衰的热情、始终如一的希望、令人惊诧的革命乐观情绪,像一把烈焰,贯穿着这一切"。这把"烈焰"是激发潜能、奋力一跃的干劲,是逢山开路、遇水架桥的闯劲,是兢兢业业、埋头苦干的韧劲。廖俊波"认准的事,背着石头上山也要干",为百姓排忧解难,为地区发展筹谋奔波,打拼到生命最后一刻;李保国践行"你的幸福我包了",用科技把荒山秃岭抛进历史;黄大发兑现了"水过不去、拿命来铺"的誓言,带领群众在悬崖绝壁上开凿出一条"生命渠";"人民科学家"王小谟深知关键核心技术是买不来的,带领团队咬紧牙关、多年攻关,最终成功研发出国产预警机,并创造了世界预警机发展史上的9个第一……

凡是有利于党和人民的事,中国共产党人就坚持干字当头,事不避难、义不逃责、攻关夺隘、百折不挠,大胆地干、坚决地干!

《人民日报》(2025年02月28日第09版)

干事担事是党员干部的价值追求

周　靖

职责承载使命，担当彰显价值。习近平总书记在 2021 年秋季学期中央党校（国家行政学院）中青年干部培训班开班式上的重要讲话中强调："干事担事，是干部的职责所在，也是价值所在。"这一重要论述，为党员干部担当作为、干事创业，成为可堪大用、能担重任的栋梁之材提供了根本遵循。当前我国正处于"两个一百年"奋斗目标的历史交汇期，中华民族伟大复兴进入关键时期，尤其需要广大党员干部以高度的政治自觉和行动自觉，将干事担事作为自己的价值追求，内化为自身的价值品格，在全面建设社会主义现代化国家新征程中奋勇争先、建功立业。

干事担事是党员干部锤炼精神品格的内在要求

干事担事是中国共产党人的鲜明政治品格，也是中国共产党人履行党的历史使命与行动价值的生动诠释。党的百年历史就是一部

做新时代的实干家

中国共产党人为实现国家富强、民族复兴、人民幸福而干事担事的奋斗史,一代代共产党人前赴后继、不怕牺牲,用自己的生命生动诠释了不同历史时期的担当,团结带领中国人民创造了新民主主义革命、社会主义革命和建设、改革开放和社会主义现代化建设、新时代中国特色社会主义的伟大成就。干事担事是中国共产党人继承和弘扬伟大建党精神的鲜明行动坐标,是党员干部世界观、人生观、价值观和政绩观的精神内核与生动体现。一百年来,我们党之所以能够赢得人民的尊重和爱戴,重要的一条经验就是在长期实践中坚持强化党员干部干事担事的精神品格,激励党员干部自觉把使命放在心上、把责任扛在肩上,把伟大建党精神落实到具体的工作行动中去。

新时代赋予新使命,新使命呼唤新担当。习近平总书记强调:"当干部就要有担当,有多大担当才能干多大事业,尽多大责任才会有多大成就。"修好干事担事内功,锤炼干事担事精神品格,是党员干部成长成熟的必经之路。一是要引导党员干部始终把坚定理想信念作为终身必修课题,筑牢信仰之基、补足精神之钙、把稳思想之舵,切实增强"四个意识"、坚定"四个自信"、做到"两个维护"。党员干部只有坚定了理想信念,才能经得住各种考验和风吹浪打。二是要加强党性教育,不断强化党员干部自我修炼、自我约束、自我改造意识,夯实不忘初心、牢记使命的思想根基。党员干部必须坚持以党性立身做事,在知行合一中主动担当作为,把说老实话、办老实事、做老实人作为锤炼党性修养的重要内容,敢于坚持真理,善于独立思考,坚持求真务实。三是要发扬伟大斗争精神,增强党员干部的斗争本领，使广大党员干部敢于奔着矛盾问题、风险挑战去干事担事，敢于啃"硬骨头"，在干事担事中做到守土有责、守土尽责，召之即来、来之能战、战之必胜。总之，要主动投身到各种斗争中去，在大是大非面前敢于亮剑，在矛盾冲突面前敢于迎难而上，在危机困难面前敢于挺身而出，在歪风邪气面前敢于坚决斗争，这才是党员干部应有的干事担事精神品格。

干事担事是党员干部践行宗旨意识的具体体现

全心全意为人民服务是我们党的根本宗旨，干事担事是党员干部践行宗旨意识的具体体现，是党员干部为民服务的价值承载。习近平总书记指出："我们党没有自己特殊的利益，党在任何时候都把群众利益放在第一位。"这就要求党员干部要牢记和践行宗旨意识，把广大人民的根本利益放在第一位，在干事担事的具体行动中实现好、维护好、发展好最广大人民根本利益。

党员干部干事担事要始终把人民放在心中最高位置。习近平总书记强调，人民是我们党的力量源泉，我们党根基在人民、血脉在人民，必须把人民放在心中最高位置，始终以百姓心为心。坚持俯下身子当"老百姓的官"，把自己也当成老百姓，不要做官当老爷，是党员干部干事担事的应有姿态。党员干部无论是立身处世还是从政干事，都不能忘记为了谁、依靠谁、我是谁，心中常思百姓疾苦，胸中常谋富民之策，对凡是有利于群众的事，事不避难、义不逃责、大胆地干、坚决地干，用心用情用力解决好群众"急难愁盼"问题，让群众有更多、更直接、更实在的获得感、幸福感、安全感。

党员干部要从实际出发干事担事。坚持一切从实际出发，是党员干部想问题、作决策、办事情的出发点和落脚点，这也最能看出一个党员干部的党性和干事担事工作作风。坚持从实际出发，前提是深入实际、了解实际，只有这样才能做到实事求是。党员干部必须要密切联系群众，经常扑下身子、沉到一线，倾听百姓心声，听真话、察真情，真研究问题、研究真问题，真正把群众的所思所想所盼摸实摸透。坚持从实际出发，要坚持对上负责和对下负责相一致，用心用力克服形式主义、官僚主义，决不做自以为领导满意却让群众失望的蠢事。

干事担事是党员干部履职尽责的基本标准

习近平总书记强调："党把干部放在各个岗位上是要大家担当干事，而不是做官享福。""担当和作为是一体的，不作为就是不担当，有作为就要有担当。"党员干部无论权力大小、职务高低，都承担着具体的工作职责，也必须做到履职尽责。干事担事、担当作为是党员干部做到履职尽责的基本标准。干事，考察的是党员干部是否想干事、能干事、干成事；担事，则要求党员干部在担当中奋力作为，在作为中彰显担当。

面对复杂形势和艰巨任务，党员干部特别是年轻党员干部要提高政治能力、调查研究能力、科学决策能力、改革攻坚能力、应急处突能力、群众工作能力、抓落实能力，勇于直面问题，想干事、能干事、干成事，在不断解决问题、破解难题中彰显担当作为。为此，要有针对性地加强对年轻党员干部的思想淬炼、政治历练、实践锻炼、专业训练，帮助他们提高解决实际问题能力，让他们更好肩负起新时代的职责和使命。一是在思想淬炼中增强干事担事的底线思维。党员干部的思想淬炼，主要是自我修炼。也就是说，党员干部既要有不信邪、不怕鬼、不当软骨头的风骨、气节、胆魄，也要有敬畏党、敬畏人民、敬畏法纪的讲规矩、守底线的思想觉悟和精神境界。二是在政治历练中增强干事担事的政治定力。党员干部要自觉在思想上政治上行动上同党中央保持高度一致，在任何时候任何情况下都能"不畏浮云遮望眼""乱云飞渡仍从容"。三是在实践锻炼中提高干事担事的才干。实践出真知，实践长真才。"刀在石上磨，人在事上练。"党员干部只有以实践为依据，上心用心地实践，才能避免陷入事务主义，才能提高认识和工作水平。四是在专业训练中克服干事担事的本领恐慌。党员干部既要发扬"挤"和"钻"的精神，从书本中汲取智慧和营养，也要紧跟党的创新理论步伐并结合工作需要，学习相关基础性知识、新知识新技能，不断完善履职尽责必备的知识体系。

《光明日报》(2021年09月15日06版)

做新时代的实干家

实干担当促进发展
牢固树立正确的事业观

宋友文

在学习贯彻习近平新时代中国特色社会主义思想主题教育工作会议上，习近平总书记指出，要教育引导广大党员、干部学思想、见行动，树立正确的权力观、政绩观、事业观。事业观主要是关于事业方向和事业道路的根本看法，决定着人们追求什么样的事业目标、采取什么样的事业态度、秉持什么样的事业精神和淬炼什么样的事业本领。今天中国共产党人的事业观，就是为实现中华民族伟大复兴而不懈奋斗。

实现中华民族伟大复兴是中国共产党人追求的事业目标。一百多年来，中国共产党团结带领中国人民进行的一切奋斗、一切牺牲、一切创造，归结起来就是一个主题：实现中华民族伟大复兴。实现中华民族伟大复兴是中华民族近代以来最伟大的梦想。这个梦想，凝聚了几代中国人的夙愿，体现了中华民族和中国人民的整体利益，是每一个中华儿女的共同期盼。一百多年来，党领导人民浴血奋战、百折不挠，创造了新民主主义革命的伟大成就；自力更生、发愤图强，创造了社会主义革命和建设的伟大成就；解放思想、锐意进取，创造了改革开放和社会主义现代化建设的伟大成就；自信自强、守正创新，创造了新时代中国特色社会主义的伟大成就。今天，我们比历史上任何时期都更接近、更有信心和能力实现中华民族伟大复兴的目标。树立正确的事业观，就是要在强国建设、民族复兴的新征程上继续担当时代责任，掌握历史主动，不断把中华民族伟大复兴的历史伟业推向前进。

牢记"三个务必"是中国共产党人采取的事业态度。中华民族伟大复兴绝不是轻轻松松、敲锣打鼓就能实现的，前进道路上仍然存在各种可以预料和难以预料的风险挑战；我国仍处于并将长期处于社会主义初级阶段，我国仍然是世界最大的发展中国家，社会主要矛盾是人民日益增长的美好生活需要和不平衡不充分的发展之间的矛盾。在强国建设、民族复兴的新征程上，我们要牢记中国共产党是什么、要干什么这个根本问题，把握历史发展大势，坚定理想信念，务必不忘初心、牢记使命，务必谦虚谨慎、艰苦奋斗，务必敢于斗争、善于斗争，从伟大胜利中激发奋进力量，从弯路挫折中吸取历史教训，不为任何风险所惧，不为任何干扰所惑，决不在根本性问题上出现颠覆性错误，以咬定青山不放松的执着奋力实现既定目标，以行百里者半九十的清醒不懈推进中华民族伟大复兴。

弘扬以伟大建党精神为源头的精神谱系是中国共产党人秉持的事业精神。以伟大建党精神为源头的精神谱系是中国共产党人独特的精神标识,是中国共产党带领人民战胜各种艰难险阻、取得一个又一个伟大胜利的精神丰碑。以伟大建党精神为源头的精神谱系深深融入党、国家、民族、人民的血脉和灵魂,成为民族精神和时代精神的重要组成部分,成为激励全党全国各族人民不断攻坚克难、从胜利走向胜利的强大精神动力。在强国建设、民族复兴的新征程上,我们要继续弘扬光荣传统、赓续红色血脉,把以伟大建党精神为源头的中国共产党人精神谱系继承下去、发扬光大。要把弘扬以伟大建党精神为源头的精神谱系的要求落到实处,大力弘扬和深入践行社会主义核心价值观,自觉做共产主义远大理想和中国特色社会主义共同理想的坚定信仰者和忠实实践者。坚持学思用贯通、知信行统一,把习近平新时代中国特色社会主义思想转化为坚定理想、锤炼党性和指导实践、推动工作的精神力量。

练就推进中国式现代化的能力是中国共产党人的事业本领。事业本领是根据党的中心任务而确定的。当前,中国共产党的中心任务是团结带领全国各族人民全面建成社会主义现代化强国、实现第二个百年奋斗目标,以中国式现代化全面推进中华民族伟大复兴。推进中国式现代化,是一项前无古人的开创性事业,需要领导干部特别是年轻干部经受严格的思想淬炼、政治历练、实践锻炼、专业训练,不断提高推动高质量发展本领、服务群众本领、防范化解风险本领。紧紧围绕高质量发展这个全面建设社会主义现代化国家的首要任务,以强化理论学习指导发展实践,以深化调查研究推动解决发展难题,增强提高推动高质量发展本领,切实推动高质量发展取得新成效。紧紧围绕着力解决人民群众急难愁盼问题,坚持一切为了人民、一切依靠人民，自觉问计于民、问需于民，增强服务群众本领，把惠民生、暖民心、顺民意的工作做到群众心坎上。紧紧围绕新时代新征程党的中心任务，真抓实干、务求实效，聚焦问题、知难而进，以底线思维增强防范化解风险本领，依靠顽强斗争打开事业发展新天地，在强国建设、民族复兴新征程上展现新作为、新气象。

《光明日报》（2023年05月04日第02版）

做新时代的实干家

真干才能真出业绩出真业绩

李照达

事有千万件，关键在真干。真干才能攻坚克难，真干才能梦想成真。习近平总书记指出，业绩都是干出来的，真干才能真出业绩、出真业绩。这一谆谆告诫，为党员干部尤其是领导干部如何谋事、怎么干事指明了方向、提供了遵循。

业绩不是喊出来的、等出来的、写出来的，而是干出来的。反对泛泛空谈、崇尚真干实干，是我们党的优良传统。邓小平在改革之初告诫全党："世界上的事情都是干出来的，不干，半点马克思主义都没有。"广大党员干部要自觉迎着晨光真干，不要面对晚霞幻想，只有真干才能真出业绩、出真业绩。

真干，就要科学谋划干。凡事预则立，不预则废。"言前定则不跲，事前定则不困，行前定则不疚，道前定则不穷。"要想把工作干好、干到位，不能搞拍脑袋决策、拍屁股走人那一套，要有预先安排、预先考量、预先研判，把问题想得复杂一些、看得长远一些，增强抓工作的预见性、系统性、科学性。跳出一时一事、一地一己的局限，透过纷繁复杂的表象抓住事物的本质，尤其是注重观照好局部与全局、近期与长远、重点与一般的关系，牢牢掌握工作的主动权。"哪里有人民需要，哪里就能做出好事实事，哪里就能创造业绩。"坚持深入实际、深入基层、深入群众，想群众之所想、急群众之所急、帮群众之所需。有些事情是不是好事实事，不能只看群众眼前的需求，还要看会不会有后遗症，否则就会"解决一个问题，留下十个遗憾"。以更加开阔的眼光审视和解决发展变化中的事情，把工作头绪理清楚，把真实情况摸准确，对具体工作、具体决策深入研究、综合分析，下一番苦功夫、细功夫，确保所做的每一件事情都经得起实践、人民和历史的检验。

真干，就要脚踏实地干。事业不仅在于谋划，更在于实干。任何科学的决策从蓝图变为现实，都离不开实实在在的落实。成功的道路千万条，实干之路是一条绕不过的必经之路。纵观古今中外，凡是取得较大成绩之人，无不具备实干心态。喊破嗓子，不如甩开膀子。只有一步一个脚印、实实在在地干出成绩，才能在事业上不断取得成功。要做起而行之的行动派，坚持说实话、办实事、求实效，少一些虚头巴脑，多一些踏实肯干，少在"面子"上耗时间，多在"里子"上下苦功。混日子，浑浑噩噩，注定一事无成；拖时间，得过且过，最终难成大事。一件事不做则已，做则必须做到底，做到最后胜利。到底干得怎么样，有没有真干实干，群众最有发言权。放下架子、扑下身子，增强同群众的感情，多听听群众的呼声，多看看群众的脸色，多关注群众的需求，把群众反映的问题清单作为党员干部排忧解难的履职清单。避免"坐而空谈无人能比，临机应用百无一能"，决不能说归说、做归做，甚至只说不做。每名党员干部都要自觉涵养实干的态度，把群众的烦心事、操心事、揪心事一项一项做扎实，把每一件事都干明白、干出色。

真干，就要立说立行干。推诿拖延失去信任，立说立行赢得人心。时间不等人，机遇不等人，发展不等人。只说不干，拖沓推诿，是完成不好任务的，也是干不成伟大事业的。现在，在一些党员干部身上还不同程度地存在不作为、慢作为的情况，有的工作让人推着走，有的等待观望、优柔寡断，有的说了不算、定了不干，看不到一点行动，见不到一点变化，最终"山还是那座山，梁也还是那道梁"，导致一些问题积重难返、一些矛盾常治不绝，让百姓很反感很无奈，既损害了党的形象，也影响了事业发展大局。前进道路上容不得丝毫消极和懈怠，更容不得半点停歇和拖拉。只有拼出来的精彩，没有等出来的辉煌。在新的"赶考"路上，每一个任务的落地，每一项工作的推进，每一个目标的实现，都需要发扬"事不过夜、马上就办"的优良作风，不能有任何喘口气、歇歇脚的念头，把真干、快办作为履职尽责的要求，始终保持"不驰于空想，不骛于虚声"的精神，自觉干事、主动做事，说了就算，定了就干，立说立行，马上就办，不能推脱、不能躲闪，更不能讲大话、许空诺，要争分夺秒大干快上，以一刻也不能停、一天也误不起的工作状态，全力以赴把事情做圆满、做到位。

真干，就要迎难而上干。迎难而上，是一种品格、一种能力、一种境界。困难越多越考验人、挑战越大越锻炼人。强者，藐视困难；弱者，仰视困难。面对困难挑战，越是消极应付越容易造成被动，越是迎难而上越容易赢得主动。干事创业的过程从来不会是一帆风顺的，其中必然有挫折、有反复，甚至有失败、有教训。困难和矛盾总是客观存在的。惟其艰难，才更显勇毅；惟其笃行，才弥足珍贵。要前进，就要克服困难，绕是绕不过去的。与其知难而退，不如迎难而上。广大干部要把初心落在行动上，在应对重大挑战、抵御重大风险、克服重大阻力、解决重大矛盾中不回避、不逃避、不畏惧，知难而进不言难、迎难而上不畏难，敢于挑最重的担子，敢于攻最难攻的山头，始终保持永不懈怠的精神状态和一往无前的奋斗姿态，越是艰险越向前。当然，迎难而上，绝不是傻干、蛮干，而是要有针对性地实干、巧干。"凡是有利于党和人民事业的，就坚决干、加油干、一刻不停歇地干"，咬定青山不放松，盯着干、盯着抓，不达目的不罢休、不破楼兰终不还，我们终将战胜一切艰难险阻。

《学习时报》（2022年5月16日第A2版）

做新时代的实干家

从调查研究中来 到真抓实干中去

王 慧

习近平总书记强调,大兴调查研究之风,大力弘扬求真务实、真抓实干的作风,真正做出经得起历史和人民检验的实绩。调查研究,是我们党的"传家宝",也是做好各项工作的基本功。从毛泽东的"没有调查,就没有发言权"到邓小平的"只有调查研究,你心中才有数",再到习近平总书记的"调查研究是谋事之基、成事之道"。一百多年来,我们党始终重视和坚持调查研究,注重在调查研究中提高工作本领,形成了科学的调研理论和工作方法。实践证明,调查研究这项基本功,不仅是推动改革发展稳定各项事业的"先手棋",更是攻坚克难、防范化解各种风险的"金钥匙"。

实践的观点是马克思主义哲学的核心观点,深入细致的调查研究是科学决策的前提和基础,正确的贯彻落实也离不开调查研究。做好调查研究,要把现实情况和群众需要结合起来,把党的二十大的重大战略部署和本地区本部门本单位的实际结合起来,掌握正确的方法原则，瞄准问题、找出症结、拿出实招，不断提高调查研究的成效和水平。

坚持实事求是。实事求是是调查研究的"基石"，任何脱离实事求是的调查研究都是"空中楼阁"。"不唯书、不唯上、只唯实"是搞好调查研究的根本原则。结论必须产生在充分调研以后，建立在科学论证的基础上。客观实际情况是调研的"源头活水"，离开实际情况去判断形势、指导工作、制定方针政策，容易犯机会主义和盲动主义的错误。坚决摒弃作秀式调研、盆景式调研、蜻蜓点水式调研，真正将调查研究研在深处、落在实处。唯有对真实情况了然于胸，才能心中有"法"，工作有"方"。

贯彻群众路线。高手在民间。要拜人民为师，甘当小学生。调研前，广泛倾听群众呼声，了解民情，体察群众疾苦，确定调研方向。调研中，深度参与群众生活，摸清问题的来龙去脉，放下架子、扑下身子，向群众学习，从人民群众的实践中汲取智慧，找到解决问题的"通关密码"。调研后，认真研究分析，将感性认识上升为理性认识，将调研成果转化为决策部署，拿出"实招""硬招"，调研成效交由人民群众来检验和评判。

讲究方式方法。多层次、多方位、多渠道地调查了解情况，下真功夫，练真本事。"当县委书记一定要跑遍所有的村，当地（市）委书记一定要跑遍所有的乡镇，当省委书记一定要跑遍所有的县市区"。党员领导干部只有躬身实践，亲身体验，深入基层，心入群众，脚下沾有泥土，心中方能沉淀真情。一方面系统总结和灵活运用我们党在一百多年奋斗历程中掌握和积累的大量调研方法，如寻找调查典型，开调查会，深入解剖麻雀，做系统的由历史到现状的调查研究，"交换、比较、反复"的方法等；另一方面，调研方法也要与时俱进、守正创新，科学运用互联网、大数据等现代调研方式，拓展调研渠道，丰富调研形式，创新调研方式，提高调研的实效性和科学性，真正发挥调查研究的作用。

强化问题意识。问题是时代的声音，调研要回应时代关切和人民呼声。有针对性地预设调研问题，加强前瞻性、全局性、系统性地调查谋划，明晰调查纲目。又能根据实际情况的变化，生成新的调研思路和方案。预设与生成相结合，"规定路线"与"自选动作"相补充。"明者因时而变，知者随事而制。"在现象与本质、主流与支流、特殊与普遍中科学把握形势的变化，见微知著、审时度势，敏于发现问题、敢于正视问题、善于解决问题，对问题不掩盖、不回避、不推脱，直面现实，以解决问题为要。让人民满意，让调研有效。

注重结果导向。调查研究就是为了解决问题，回应人民群众"急难愁盼"的现实关切。"要讲真理，不讲面子"。调研者的躬身实践可以求得真知，拜群众为师可以觅得良方。注重调研实效，不以规模大小、时间长短、报告水平为评价尺度，关键看调研结果能否转化为解决问题的具体措施，能否解决群众的操心事、烦心事，能否服务于领导决策，推动工作落实，最终实现调研—决策—落实全过程的统一。调查研究以问题展开、以结果落地，最终制定出符合实际、有效有用、有操作性的工作方案，使调研成果不仅能够惠及最广大人民群众、得到人民认可，还能经得起实践的检验。

通过调查研究，准确、全面、深透地了解情况之后，应把重点放在落实调研成果、解决实际问题上，防止调查研究表面化、一般化。提升调研成效，将调研成果转化为推动落实的具体举措、解决问题的具体行动，真抓实干，马上就办，办就办好，让人民群众收获实实在在的获得感、幸福感、安全感。

谋事要实。"天下大事、必做于细。"从实际出发调研，从细节着手落实。用务实的作风，脚踏实地、埋头苦干，把功夫下深、下实，把每一项工作做精、做细，既做"功在当代"的显绩，更做"利在千秋"的潜绩。躬身实干，心往一处想，劲往一处使，形成推进落实工作的强大合力。

出招要实。为群众办事，要针对"痛点"，有的放矢。通过调查研究找准"切入点"，抓住"关键点"，以人民群众的幸福感和满意度为"落脚点"，面对困难不敷衍、不推诿、不拖延，以钉钉子的精神出实招、下实功，把办不成的事办成，办不好的事办好。

成效要实。干得怎样，要用事实说话、用成果说明、用实绩检验。始终保持赶考的心态，想在前头、干在实处、落在细处，少一些"我觉得"、多一些"群众觉得"，真正把好事做实，把实事做好，满足群众的所思所盼所求所愿，真正干在群众的心坎里。通过真抓实干解民忧、纾民困、暖民心，在落实中让群众得实惠，从而让调查研究取得人民满意的实效。

《学习时报》（2023年04月10日第A2版）

以正确政绩观引领干事创业导向

雷东生

为政之道,首在政绩观。党的十八大以来,习近平总书记高度重视党员干部政绩观问题,发表一系列重要讲话,作出一系列重要指示,深刻阐明了"政绩为谁而树、树什么样的政绩、靠什么树政绩"的重大问题,既是响鼓重锤,又是如山号令。我们必须坚决贯彻落实,牢固树立和大力践行正确政绩观,以奋发有为的精神状态,努力创造实打实的业绩。

习近平总书记关于树立和践行正确政绩观的重要论述立起了思想标杆,揭示了政绩观与人民观、历史观、发展观、事业观的内在逻辑

习近平总书记的重要论述高屋建瓴、思想深邃,标注了我们党对马克思主义政绩观认识的新高度,为广大党员干部改造主观世界和客观世界提供了锐利思想武器。我们必须从党的初心使命、性质宗旨、中心任务的高度深刻领会其丰富内涵，进一步增强树立和践行正确政绩观的政治自觉、思想自觉、行动自觉。

人民观是正确政绩观的价值原点，必须当好为民的"挖井人"。习近平总书记指出，"干事创业一定要树立正确政绩观，做到'民之所好好之，民之所恶恶之'"。我们党是人民的党，坚持人民至上既是百年大党铸就辉煌的价值源头，也是正确政绩观的价值原点。习近平总书记是从人民中走出来的人民领袖，治国理政方方面面始终贯穿人民至上的鲜明立场。体悟习近平总书记的真挚为民情怀，感悟"政绩为谁而树"的真谛，就是要把为老百姓办了多少好事实事作为检验政绩的第一标准，用群众的"脸色"检验政绩的"成色"。

历史观是正确政绩观的逻辑起点，必须当好历史的"铺路人"。习近平总书记指出，"了解历史才能看得远，理解历史才能走得远"。沉淀后的历史是评价政绩最好的镜子，也是最客观的尺子。在强国建设、民族复兴新征程上，只有保持历史耐心和战略定力，用正确历史观涵养正确政绩观，把发展急需、安全急用、群众急盼的事办得立竿见影，把打基础、利长远、增后劲的事干得厚重扎实，才能创造无愧于党、无愧于人民、无愧于时代的业绩。

发展观是正确政绩观的现实落点，必须当好发展的"拓荒人"。习近平总书记指出，"发展必须是科学发展，必须坚定不移贯彻创新、协调、绿色、开放、共享的发展理念"。政绩观说到底要体现到推动经济实现质的有效提升和量的合理增长的实践中，体现到实现更高质量、更有效率、更加公平、更可持续、更为安全的发展实绩中。只有以正确政绩观校准发展观，坚持以推动高质量发展为主题，完整、准确、全面贯彻新发展理念，才能避免走入"平庸之路""失衡之路""透支之路""封闭之路""分化之路"。

事业观是正确政绩观的实践基点，必须当好事业的"追梦人"。习近平总书记指出，"党员干部干事创业必须实事求是、求真务实，来不得半点虚浮"。做事还是作秀、务实还是务虚，既检视事业观，也折射政绩观。只有把正确政绩观统一于对党和人民事业高度负责之中，真抓敢抓、善抓常抓，才能创出硬邦邦的真业绩、交出响当当的"成绩单"。

习近平总书记关于树立和践行正确政绩观的重要论述立起了政治标线，明确了为党分忧、为国尽责、为民奉献的实践要求

树立和践行正确政绩观既是基本工作要求，更是重大政治原则。习近平总书记的重要论述深刻阐明了我们党的政治立场和执政理念，是认识论和实践论有机统一的行动指南。我们必须从政治上认识、把握和落实，把树牢正确政绩观的要求体现到坚定拥护"两个确立"、坚决做到"两个维护"的实际行动上。

坚持以党性坚强为魂，树牢与党性立场相一致的政绩观。习近平总书记指出，"树立和践行正确政绩观，起决定性作用的是党性"。只有党性坚强、摒弃私心杂念，才能防止政绩观扭曲偏向。那些经得起检验的政绩，都源于为党分忧、为国尽责、为民奉献的务实行动。我们必须从党的创新理论中汲取智慧和力量，筑牢防范"政绩冲动症"的思想堤坝，以坚强党性树立和践行正确政绩观，做到一心向党、一心为公，把全部心思和精力都放在为党和人民干事创业上。

坚持以为民造福为本，树牢与人民利益相吻合的政绩观。习近平总书记反复强调，"为民造福是最大政绩"。为民造福的政绩观源于我们党的初心使命和根本宗旨，既是贯穿习近平新时代中国特色社会主义思想的一条红线，也是党员干部必须坚守的根本价值取向。哪里有人民需要，哪里就能做出好事实事，哪里就能创造业绩；业绩好不好，要让群众当阅卷人，由群众来评判。我们必须坚持以人民为中心的发展思想，始终将群众呼声作为第一信号，用心用情抓好"衣食住行"的基本民生、满足"安居乐业"的多样民生、兜牢"安危冷暖"的底线民生，以为民造福的"好把式"赢得群众的好口碑。

坚持以高质量发展为要，树牢与新发展理念相符合的政绩观。习近平总书记指出，"新发展理念就是指挥棒、红绿灯"，强调"高质量发展就是体现新发展理念的发展"。这既是推动发展理念变革的科学指导，也是树立和践行正确政绩观的方向指引。我们必须自觉以正确政绩观的"引擎"驱动高质量发展的"列车"，更好推动体现新发展理念的发展，切实增强生存力、竞争力、发展力、持续力。安全是发展的前提，发展是安全的保障，只重安全不重发展、只抓发展不抓安全都不是正确的政绩观。必须统筹发展和安全，运用正确政绩观把握事物本质、发展规律、政策尺度，从源头上、根本上防范化解各类风险隐患挑战，实现高质量发展和高水平安全良性互动。

坚持以真抓实干为重，树牢与"真出业绩、出真业绩"要求相匹配的政绩观。习近平总书记考察宁夏时发出了"社会主义是干出来的"伟大号召，为树立和践行正确政绩观注入了强大精神动力。

业绩都是干出来的，真干才能出真绩、实干才能出实绩。我们必须把树牢正确政绩观的落脚点放到真抓实干上，匡正干的导向、增强干的动力、形成干的合力，鼓足干事创业的精气神，形成狠抓落实的好局面，防范和纠正政绩观跑偏错位诱发的形式主义、官僚主义问题，以敢争上游、敢于胜利的领跑意识，强担当、务实干、重实践、建新功，用实绩的厚度保持发展的力度、提升民生的温度。

习近平总书记关于树立和践行正确政绩观的重要论述立起了行动标尺，为创造经得起实践、人民、历史检验的实绩提供了科学方法论

习近平总书记的重要论述贯穿了对发展规律的深刻把握，为党员干部树立和践行正确政绩观提供了科学方法论。无论作决策、定政策，还是抓工作、促落实，都要牢记在心、细照笃行，努力用"唯实"的尺规绘就"无憾"的蓝图。

注重把握"三对关系"。习近平总书记反复强调，"要有功成不必在我、功成必定有我的境界"，深刻揭示了马克思主义政绩观的辩证思维和实践要求。把握好"上"和"下"的关系，深刻认识党性和人民性是一致的、统一的，对上负责、对下负责都要统一于为人民利益而奋斗，以立党为公、执政为民的理念统领发展，决不做自以为领导满意却让群众失望的蠢事。把握好"有"和"无"的关系，把干事担事作为从政的价值所在，作为创实绩、树政绩的根本所在，恪尽职守、担当作为，迎难而上、敢于斗争，防止拈轻怕重、躺平甩锅、敷衍塞责、得过且过等消极现象，以"有我"的担当和"无我"

的境界书写时代答卷。把握好"近"和"远"的关系，把近施和远谋结合起来，一棒接着一棒跑、一任接着一任干，立足当下但不只顾当前，着眼长远但不好高骛远，以雷厉风行的作风和久久为功的韧劲，踏踏实实把各项事业不断推向前进。

注重做到"三要三不要"。政绩观是一面镜子，映射党员干部的世界观、人生观、价值观，必须常常照镜自省、时时躬身践行。要为人民谋福利，不要为个人争功劳，牢记政绩是勤力实干的实绩、不是居功自傲的资本，将心比心、以心换心，干一切工作都要想人民之所想、行人民之所嘱，全心全意而不是三心二意，"造福一方"而不是"造势一时"，真正把政绩留在"政声人去后，民意闲谈中"。要为全局添光彩，不要为个人谋利益，不谋私利才能谋根本、谋大利，必须眼中有大我、胸中装大局、脚下行大道，谋划发展算大账不打小算盘，干事创业守大义不要小聪明，以"计利当计天下利"的格局走好每步棋、服务一盘棋。要为从政守名节，不要为个人赚名气，把名节作为立身之本，视名节大于天、视名利淡如水，像珍惜生命一样珍惜名节和操守，守住对党忠诚的大德、造福人民的公德、严以律己的品德，永葆为民务实清廉的政治本色，创造经得起检验的真绩实绩。

注重防止"八种倾向"。树立和践行正确政绩观既是"终身课"，也是"实践课"，必须把实践作为最好的课堂，坚定方向、把准导向、防止偏向。要防止急功近利、竭泽而渔的倾向，牢记最快的脚步是坚持、最好的状态是务实，涵养"前人栽树后人乘凉"的胸襟，真正把功在当代、利在长远、惠及子孙的事干到群众心坎上。防止

做新时代的实干家

盲目蛮干、不按规律办事的倾向，坚持实事求是、一切从实际出发，尊重规律、把握规律，"有多少汤泡多少馍"，不作超越阶段的决策，不定脱离实际的政策，不干背离群众意愿的事情，不能拍脑袋决策、拍胸脯保证、拍屁股走人。防止"形象工程""面子工程"的倾向，不搞贪大求洋的"大工程"、哗众取宠的"大运动"、赔本赚吆喝的"大场面"，不能外面一团花、里面豆腐渣，不能让"形象工程"毁了形象、"面子工程"丢了面子。防止"装样子、搞花架子"的倾向，不能说起来漂亮、喊起来响亮、做起来挂空挡，杜绝口号式、表态式、包装式落实的做法。防止投机取巧、虚报浮夸的倾向，对党忠诚老实、光明磊落，既报喜又报忧，不搞粉饰门面、精心包装的"数字政绩""虚假政绩"。防止先污染后治理、边污染边治理的倾向，坚决摒弃以破坏自然为代价的发展模式，决不要带血的GDP，守住绿水青山这个"金饭碗"。防止"按下葫芦浮起瓢"、留下后遗症的倾向，对风险隐患精确定位、精细处置、精准拆弹，不能把搞定当稳定、摆平当水平、妥协当和谐，避免"解决一个问题、留下十个遗憾"。防止重痕不重绩、留迹不留心的倾向，立起既看一时更看一贯、既考显功更考潜功、既重面子更重里子的考核"风向标"，杜绝看片子、看稿子的虚把式，以正确的考核导向引领干事创业导向。

《学习时报》（2023年07月21日第A1版）

年轻干部干事创业要怀平常心

马晓敏　郭婷婷

习近平总书记在新时代推动东北全面振兴座谈会上强调,我们也不要一味地追求奇迹,还是要怀平常心,把握住自己的历史定位。这一重要论述既为地方发展指明了方向,也为新时代年轻干部健康成长提供了思想引领和重要遵循。

年轻干部精力充沛、思维活跃、意气风发,通常有干劲有情感、有朝气有活力、有学历有想法,但也往往缺韧劲少情怀、缺耐性少定力、缺阅历少办法,在考验和挫折面前容易迷失方向、迷失自我,在名利和权位面前容易急功近利、急于求成,在危难和变局面前容易惊慌失措、束手无策,甚至酿成"早节不保"的悲剧。有的热衷于自我设计、投机取巧,把时间和精力花在钻营关系上;有的斗争精神和斗争本领养成不够,面对纷繁复杂的环境容易犯迷糊、受诱惑、被"围猎";有的自认为怀才不遇,怨天尤人,甘愿躺平;有的受"佛系"心态影响,随遇而安,得过且过,随波逐流……这些都是平常心不足的表现。年轻干部要深刻领悟"平常心"蕴含的道理学理哲理，把平常心融入日常、化作经常、应对无常，提升站位、把握方位、找准定位，怀平常之心，保持定力，在强国建设、民族复兴新征程上书写人生华章。

修炼至真至纯的平和心性。"不能胜寸心，安能胜苍穹。""寸心"虽小，却是一个人自身的主宰，决定着各种行为，正所谓"一念收敛，则万善来同；一念放恣，则百邪乘衅"。修炼至真信仰信念。心有所信，方能行远。理想信念是党员干部安身立命之本，是经受住各种考验的精神支柱。年轻干部要常修常炼、常悟常进，不仅在顺境时保持清醒自律，遇到挫折时也不悲观消沉，始终做到在大是大非上方向明，在风浪考验中立住脚，在形色诱惑前定住神。淬炼至纯思想意志。思想一旦掺有杂质，精神就会懈怠，行动就会跑偏。慎独慎初、慎微慎欲，不仅要净化思想，常掸心灵灰尘、常清思想垃圾、常掏灵魂旮旯，增强自身意志力、坚忍力、自制力，还要守住内心，常戒"非分想"、常思"贪欲害"、常破"心中贼"，以内无妄思保证外无妄动。锤炼至诚为民初心。心底无私天地宽，我们共产党人干事业、创政绩，为的是造福人民，不是为了个人升迁得失。要甘于吃亏、竭诚奉献，胸怀"国之大者"，心系民之所向，自觉克服私心、私利、私欲，切实践行正确的权力观、政绩观、事业观，永葆共产党人的政治本色。

保持向上向善的平稳心态。"变化者，乃天地之自然。"前行路上，有风有雨是常态，但再大的风雨，只要满怀信心、积极应对，定能风停雨过、晴空万里。提振昂扬锐气。无奋斗，不青春，奋斗是青春最亮丽的底色。年轻干部要勇立潮头、勇挑重担，坚决摒弃一切固守旧思维、旧理念、老套路、老办法的懒汉思想，坚决反对一切不担当不作为、推脱躲绕、不思进取的躺平行为，敢于斗争、善于斗争，始终保持昂扬奋进的精神状态。练就过硬本领。本领过硬，才能稳如泰山、善作善成。要勤学善思、苦练内功，时刻保持"空杯"心态，及时更新思想观念、补齐素质短板、提升履职能力，不断增强推动高质量发展、服务群众、防范化解风险本领，努力以自身工作的确定性应对形势变化的不确定性，即便"山雨欲来风满楼"，也能"任凭风浪起，稳坐钓鱼船"。树牢底线思维。胸中有数，才能遇事不慌、处变不惊。新征程上，我们的前途一片光明，但脚下的路不会是一马平川。要居安思危、未雨绸缪，增强忧患意识，常观大势、常思大局、常做准备，下好先手棋，打好先手仗，牢牢掌握主动权，即便"乱云飞渡"仍能从容坚定，在行稳致远中止于至善。

涵养知足知止的平淡心境。"知止而后有定，定而后能静，静而后能安，安而后能虑，虑而后能得。"懂得知足知止，才能心安气静、人顺事成。谨记"敬"字诀，心存敬畏。心有所戒，方能行有所止。年轻干部要敬畏人民、敬畏权力，时刻把法纪的戒尺、规矩的戒尺、道德的戒尺牢记于心，时刻自重自省自警自励，常绷"纪律弦"、常敲"律己钟"、常念"紧箍咒"，扣好廉洁从政的"第一粒扣子"。谨记"尽"字诀，尽力而为。成功没有任何捷径可走，靠的是脚踏实地、稳扎稳打，有为才能有位，有位更应作为。尽心尽力、尽职尽责，丢掉幻想、埋头苦干，把心思和精力用在抓落实、干实事上，不慕虚荣、不务虚功、不图虚名，在平凡的岗位上一心一意"办好自己

做新时代的实干家

的事"。谨记"静"字诀,静待花开。任何成绩的取得都不可能一蹴而就,未必立马就能见到成果。要立足全局、放眼长远、积蓄力量、久久为功,保持历史耐心和战略定力,沉住气、静下心、戒浮躁,不以物喜、不以己悲,不被顺逆所惑、不被得失所陷、不被名利所累,做到得之坦然、失之淡然、顺其自然,让青春在推进中国式现代化的伟大实践中绽放绚丽之花。

《学习时报》(2024年02月05日第A1版)

年轻干部既要有担当之责又要有干事之能

索文斌

干事担事,是干部的职责所在,也是价值所在。习近平总书记在 2024 年春季学期中央党校(国家行政学院)中青年干部培训班开班之际作出重要指示,强调"要自觉做勇于担当作为的不懈奋斗者,锐意改革创新,敢于善于斗争,愿挑最重的担子、能啃最硬的骨头、善接烫手的山芋,在直面问题、破解难题中不断打开工作新局面"。敢于担当是共产党人永不磨灭的精神底色。2019 年以来,习近平总书记在 6 次中青班开班式讲话中,多次提到"担当"二字,他指出,我们党一路走来,能够战胜一切强大敌人、一切艰难险阻,取得举世瞩目的伟大成就,靠的就是一代又一代共产党人敢于担当、英勇斗争。面向社会主义现代化建设对教育高质量发展的新要求,面向培育发展新质生产力的新命题,年轻干部必须砥砺担当之志,淬炼担当之能,彰显担当之勇,观大势、谋全局、破难题。

做新时代的实干家

观大势之变,思使命之"新"。察势者智,驭势者赢。当今世界,百年未有之大变局加速演进,科技革命与大国博弈相互交织,高技术领域成为国际竞争最前沿和主战场,深刻重塑全球秩序和发展格局。这些新形势新挑战对新时代高等教育发展提出了新要求。高校年轻干部要以高度的政治敏锐性和政治洞察力,立足党和国家事业发展的战略全局,把握高等教育的新使命新定位。以强烈的忧患意识和风险意识,准确识别新一轮产业革命和科技变革的新机遇与新挑战,深化一流大学建设与生产力变革的规律性认识。坚持为党育人、为国育才,把稳立德树人政治方向,突出科研报国价值取向,坚定理想信念,砥砺担当之志,履践忠诚之责,在新形势新任务中更好地发挥"先锋队"作用。

谋全局之远,聚创新之"力"。不谋全局者,不足谋一域。习近平总书记指出:"扎实推动科技创新和产业创新深度融合,助力发展新质生产力。融合的基础是增加高质量科技供给。"党的二十大报告指出,教育、科技、人才是全面建设社会主义现代化国家的基础性、战略性支撑。高校支撑新质生产力,涉及学科建设、科学研究、人才培养、产学研协同、国际合作、价值引领等各个领域。高校年轻干部要树立系统思维,在教育、科技、人才一体化发展的全局中,把握新质生产力的生成逻辑,探索培育发展新质生产力的关键路径。一方面,深化内部协同,紧紧牵住科技创新"牛鼻子",布局符合未来产业需要的新兴交叉学科专业;激活一流人才"源动力",建立高质量人才自主培养体系;发挥产学研协同"助推力",创新科技成果评价及成果转化机制;激发价值体系"内生力",建设中国式现代化的理论体系；扩大国际合作"聚合力"，推进高水平国际交流合作。科学统筹，一体推进，畅通教育、科技、人才的良性循环，推动人才链、教育链、产业链、创新链的深度融合。另一方面，在强化外部协同的同时，积极寻求与区域、地方的互动交融，加强与中央各部委、地方各级政府的交流，持续深化国家战略科技力量的合作，形成更广范围的科创发展共同体，凝聚更大合力为发展新质生产力蓄势赋能，做推动新质生产力发展的"生力军"。

破改革之困，强担当之"能"。当前，我国高校在服务高质量发展中还存在着供需不匹配的结构性矛盾，具体表现为面向产业升级需要的科技成果供给不足，服务地方经济社会发展的紧缺人才供给不足，推动科研成果有效转化的制度供给不足。这些现象背后往往存在着复杂的历史成因和现实因素。高校年轻干部要深入一线、实事求是，敢于直面"真问题"，不做"拈轻怕重""得过且过"的表面文章；要与时俱进，解放思想，以刀刃向内的自我革新精神，切实破除各种"惯性思维"和"路径依赖"，推进管理理念和管理方式革新。要坚持效果导向、有的放矢、精准施策，在更好地服务国家和地方经济社会发展需求上找准发力点，在推动体制机制创新上找准突破点，在服务高质量发展、办好人民满意的教育上找准着眼点。要无惧风浪、敢闯敢试，提高驾驭复杂局面、破解疑难问题的能力，啃得下"硬骨头"，接得住"烫手山芋"，逢山开路，遇水架桥，迎难而上，跑出新时代发展新质生产力的"加速度"。

《学习时报》（2024年07月15日第A4版）

做新时代的实干家

激发干部干事创业的内生动力

王 宇

干事担事,是干部的职责所在,也是价值所在。习近平总书记强调,"干部干部,干是当头的,既要想干愿干积极干,又要能干会干善于干,其中积极性又是首要的"。中央经济工作会议强调,激发干事创业的内生动力,让想干事、会干事的干部能干事、干成事。这要求把干部"减负"和"赋能"有效统筹起来,为干部干事创业明确方向重点、增强底气动力,更好激发党员干部的积极性、主动性、创造性。

理想信念是人生的灯塔,也是干事创业的动力源泉。只有筑牢信仰之基、补足精神之钙,才能始终保持干事创业的昂扬斗志。坚持不懈用习近平新时代中国特色社会主义思想凝心铸魂,深刻领悟蕴含其中的崇高政治理想、鲜明人民立场、强烈历史担当,不断夯实干事创业的思想根基。从百余年党史中汲取奋进力量,自觉加强党性锻炼,践行正确政绩观,以实际行动诠释对党忠诚、为党分忧、为党尽职、为民造福的政治担当。善于用中国式现代化宏伟事业鼓舞人、激励人、感召人，增强时不我待的责任感、躬身入局的紧迫感，满腔热忱投入中国式现代化建设中来，努力创造无愧于新时代的光辉业绩。

正确用人导向是对干部最大的激励，用好一个人能激励一大片。精准识才、精准用才，为想干事、会干事的干部提供机会和舞台，有组织、有计划地将干部放到改革发展稳定第一线、艰苦复杂环境、关键吃劲岗位培养历练，激发"不待扬鞭自奋蹄"的内生动力。坚持事业为上，进一步树立重担当、重实干、重实绩的鲜明导向，把敢不敢扛事、愿不愿做事、能不能干事作为识别评价干部的重要标准，大力选拔政治过硬、敢于担当、锐意改革、实绩突出、清正廉洁的干部，让优秀者优先、有为者有位。对不敢担当、不愿负责、临阵退缩、投机取巧的干部，该免职的免职、该调整的调整、该降职的降职，持续释放能者上、优者奖、庸者下、劣者汰的强烈信号。推动干部能上能下，完善考核评价机制，加强考核结果运用，着力解决"干与不干、干多干少、干好干坏一个样"问题，努力营造正气充盈、奋勇争先的良好氛围。

干事业总是有风险的，不能期望每一项工作只成功不失败。特别是随着全面深化改革向纵深推进，一些"硬骨头"和"险滩"躲不过、绕不开，改革过程难免会出现失误。允许试错、宽容失败，改革才能永不停顿。但现实中，有的干部依然存在不敢作为的心理，怕干得越多出错越多、怕触及矛盾引火烧身、怕动辄被追责问责。解决这个问题，关键是要健全干部担当作为激励和保护机制，落实

做新时代的实干家

"三个区分开来",以鲜明态度为担当者担当、为负责者负责、为干事者撑腰,让干部放下包袱、轻装上阵。对工作中出现的问题,统筹考虑动机态度、客观条件、性质程度、后果影响等因素,符合标准的大胆容错,当容则容、应容尽容。同时,严肃处理各种形式的诬告陷害,向泼脏水行为坚决"亮剑",为受到不实举报的干部澄清正名,绝不能让流汗者流泪、干事者心寒。对受处分干部也不能放任不管,既要打"板子"又要开"方子",帮助其实现从"有错"向"有为"的转变。

越是担子重,越要爱护挑担人。各级党组织要做干部的坚强后盾,关心关爱干部用心用情,政治上激励、工作上支持、待遇上保障、心理上关怀,增强干部的荣誉感、归属感、获得感。深入细致做好思想政治工作,加强日常谈心谈话,及时为干部解疑释惑、加油鼓劲。大力选树和宣传先进典型,影响和带动广大干部见贤思齐、实干进取。给基层干部特别是艰苦地区干部更多理解和支持,持续深化整治形式主义为基层减负,让大家安心、安身、安业,更好履职奉献。

新时代是大有可为的时代,新时代是奋斗者的时代。各级党组织要以正确用人导向引领干事创业导向,以组织担当激励干部担当、以组织作为促进干部作为,广大干部要坚定信心、抖擞精神,踔厉奋发、笃行不息,唯有如此,才能汇聚起全社会团结奋斗的磅礴伟力,党和国家的事业才能无往而不胜。

《学习时报》(2025年01月03日第A1版)

年轻干部要把干事热情和科学精神结合起来

沈海涛

改革攻坚,是年轻干部的职责所在,更是时代赋予的使命担当。习近平总书记在2020年秋季学期中央党校(国家行政学院)中青年干部培训班开班式上强调,年轻干部要提高改革攻坚能力,要把干事热情和科学精神结合起来。在全面建设社会主义现代化国家的关键时期,年轻干部更要肩负起历史责任,以锐意进取的精神和科学务实的态度,主动担当作为、勇于直面问题,在进一步全面深化改革进程中贡献智慧和力量。在改革攻坚过程中,年轻干部既要具备干事热情,又要秉持科学精神,精准识别问题根源,强化创新思维,坚持"跟着问题走、奔着问题去",准确识变、科学应变、主动求变,以理性与务实精神推动改革稳步向前。

满怀干事创业的热情,是年轻干部做好工作的重要前提。年轻干部干事担事,是职责所在,也是价值所在,要保持闯劲、干劲、韧劲，才能不辜负党和人民的期望和重托。年轻干部因为自身肩负的职责，在各个领域承担着大大小小的任务，这些任务关系改革发展、关系人民福祉。从这个角度来说，干事创业的热情是推动工作发展、实现攻坚克难的重要基础。在这个过程中，有一个把责任转化为热情和动力的过程，其关键在于年轻干部从内心明确自己的责任并在工作中找准路径，将这种责任转化为工作内容。在当前改革攻坚的关键阶段，年轻干部要敢于突破固有思维，主动适应、积极作为；历练宠辱不惊的心理素质，坚定百折不挠的进取意志，保持乐观向上的精神状态；有功成不必在我的定力，淡泊名利、奉献人民的坚守。

科学精神是年轻干部理性思维和实事求是的态度在工作中的具体体现。习近平总书记指出，有的干部干事热情很高，但缺乏科学精神、求实态度，结果不仅没有出业绩，反而带来了一堆问题。秉持干事创业的科学精神，是年轻干部做好工作的重要方法。现实中，诸如形式主义、弄虚作假、故步自封等各种影响改革深入推进的"拦路石"不容小觑，说到底还是违背了实事求是的科学精神。中国特色社会主义事业越前进、越发展，新情况、新问题就越多，面临的风险和挑战就越多，这就需要以实事求是的科学态度对待面前的困难和时代提出的要求，以崭新的思维方法和实际行动去解决实际困难。特别是在进一步全面深化改革的关键时期，年轻干部要具备清晰的目标意识、顽强的进取精神，同时要以科学精神为引导，制定科学的改革举措和正确的方法路径，确保改革措施的落地实效，把改革蓝图变成美好现实。这就要求年轻干部强化战略思维，大兴调查研究，观大势、谋全局、明方向。在面对问题时，要冷静分析、科学研判，避免情绪化和盲目行动。在解决问题时，必须注重调查研究，确保决策和行动的精准性，客观认识问题的本质，避免"一刀切"和形式主义，切实掌握和运用好实事求是这个马克思主义的精髓和活的灵魂。年轻干部只有树立科学的精神，运用科学决策的方法，坚持科学决策的习惯，才能使各项决策和各方面工作都符合实际情况、符合客观规律、符合人民意愿。

把干事热情和科学精神结合起来，不断提高改革攻坚能力。对年轻干部而言，光有干事热情或者仅有科学精神是不够的。如果光有干事热情而不注重科学精神，在工作中就有可能蛮干、有可能拍脑袋决策，甚至有可能淹没在纷繁复杂的信息里，从而贻误战机。如果仅有科学精神而不具备干事热情，那么年轻干部在改革攻坚中就可能显得冲劲不够，在关键时刻和关键领域需要拍板的时候瞻前顾后，同样会贻误战机。干事热情和科学精神是辩证统一的，前者提供动力，后者提供方向和方法，必须把两者结合起来，才能推动改革攻坚行稳致远。年轻干部要立足于中华民族伟大复兴战略全局和世界百年未有之大变局，把干事热情建立在对科学理论的深刻理解和理性认同上，建立在对历史规律、发展规律的正确认识上，建立在对中国国情、国际形势的准确把握上。做到激情与理性相结合，干事热情和科学精神是互补关系而非对立关系，唯有在科学精神的引领下，干事热情才能转化为实效。做到主动担当与稳健推进相结合，干事热情让年轻干部在面对挑战时敢于主动担当、迎难而上，而科学精神则要求稳健推进，避免冒进和盲目行动。做到创新精神

做新时代的实干家

与务实态度相结合，干事热情推动了年轻干部积极进取，而科学精神则让创新更加务实，确保改革措施切实可行、可持续。

"功崇惟志，业广惟勤。"年轻干部在改革攻坚过程中，把干事热情和科学精神结合起来，不仅是新时代赋予的职责使命，更是进一步全面深化改革、推进中国式现代化进程的关键所在。应当秉持"跟着问题走、奔着问题去"的原则，充分激发干事热情，同时坚持实事求是，以理性务实的态度，不断探索、不断进取，在改革攻坚中不断提升自我，为服务国家战略和实现中华民族伟大复兴贡献智慧和力量。

《学习时报》（2025年02月24日第A4版）

强化干部干事创业的正向激励

刘炳香

党的干部是党和国家事业的中坚力量，是落实各项政策、推动事业发展的关键力量。干部敢于担当作为，既是政治品格，也是从政本分。当下，国内外形势复杂多变，新问题、新挑战不断涌现，干部队伍能否持续保持活力与担当，直接影响到党和国家事业发展。新征程上，加强对干部的正向激励，充分调动广大干部干事创业积极性、主动性、创造性，加强对干部全方位管理和经常性监督，防止和纠正干部不作为乱作为，是建设堪当民族复兴重任的高素质干部队伍的重大课题。

树立正向激励导向

干部干事创业需要激励。实现民族复兴，干部是"关键少数"。干部干事创业的行动力取决于其动机、动力、价值取向、履职能力等核心要素。干部受到有效激励，能够动机强烈、动力强劲、坚持正确的权力观、政绩观、事业观，自觉提高履职能力，经受住长期执政条件下面临的各种考验，正确履职用权，不断开拓进取。

新时代，在推进民族复兴历史进程中，激励干部要"树立正向激励的鲜明导向"。"如何始终保持干事创业精神状态"是长期执政条件下的"大党独有难题"，是我们党必须迈过的一道坎。我们党在实践中做了大量探索，树立正向激励导向，使干部"愿担当、敢担当、善担当"，对破解大党独有难题行之有效，也是党的事业所需、使命所系。

正向激励是与负向激励相对应的激励形式。对干部的正向激励是指通过肯定与褒奖，释放正向引导信号，激发干部符合党组织要求、有利于实现党的目标的期望行为，点燃工作激情、调动工作积极性，使干部主动、持续干事创业、担当作为。对干部的负向激励是指通过批评与惩戒，抑制干部不符合党组织要求、不利于实现党的目标的非期望行为。在党的事业发展的不同时期或不同阶段，党面临的形势任务与自身状况不同，激励形式会有所侧重。

新时代新征程，我们党面对波谲云诡的国际形势，面对艰巨繁重的改革任务，面对一些干部不作为、慢作为，迫切需要树立正向激励的鲜明导向，及时关注干部需求层次和需求结构的变化，增强正向激励的针对性，充分激发干部的积极性、主动性、创造性，塑造干部追求卓越、勇于担当精神，挖掘并释放干部的潜能，让他们"放开手脚干事、甩开膀子创业"。这不仅能够提高干部当前工作绩效，而且能够促进其未来成长进步。同时，有利于改善组织内部工作环境，带动群众形成意气风发的精神风貌，营造干事创业的政治生态和社会氛围。

建立正向激励体系

树立正向激励的鲜明导向，稳定、持续取得正向激励预期效果，"要建立崇尚实干、带动担当、加油鼓劲的正向激励体系"。在这个体系中，正向激励目标、激励主体、激励资源、激励方式等各要素，不仅要完整完善，而且要良性互动、相得益彰。

正向激励的目标是最大限度激发党员干部干事创业积极性，以更加昂扬的姿态、更加饱满的热情，奋力创造出无愧于时代、无愧于人民、无愧于历史的新业绩。

党建工作"说到底，就是做人的工作"。党委（党组）要在"选育管用"全链条干部管理中，主动观照干部的个性特点和个性化需求，多做"得人心、暖人心、稳人心"的工作，为干部干事创业提供不竭的动力源泉。

正向激励资源是满足干部需求的多种激励因素。满足干部需求是正向激励的起点。各级各类干部的需求有差异且多样化，也并非一成不变。但有些正向激励资源是对所有干部正向激励必不可少的。一是以信仰、价值、责任为核心的守初心担使命内在自觉。这使干部能"以时时放心不下的责任感、积极担当作为的精气神为党和人民履好职、尽好责"。二是"正确用人导向"。这是"对干部最大的激励"，习近平总书记指出，"用好一个人能激励一大片"。三是澄清保护制度。即"为担当者担当、为负责者负责、为干事者撑腰"。这能给开拓创新的"闯将"松绑，为锐意进取的"猛将"护航，让真抓实干的"干将"安心。四是先锋模范。他们能在干部中立标杆，在社会上产生示范效应，党组织要积极培树、宣传表彰，同时，进一步"完善改革激励和舆论引导机制"，涵养激浊扬清、扶正祛邪的良好生态。五是关怀关爱。在干部面临工作环境、个人发展、生活境遇等现实问题时，党组织要把关心关爱干部的措施做得更加细致，让干部心无旁骛"撸起袖子加油干"。

正向激励方式最主要的有两种。一是把激励方案的制定、执行、评估等环节纳入依规治党、依法治国轨道，公开进行。包括正向激励标准公开，如"把敢不敢扛事、愿不愿做事、能不能干事作为识别干部、评判优劣、奖惩升降的重要标准，把干部干了什么事、干了多少事、干的事组织和群众认不认可作为选拔干部的根本依据"。也包括正向激励过程公开，"扬善于公庭"，确保正向激励的公平公正，让受到激励的干部硬气，让身边的其他干部服气。二是把短期激励和长期激励结合起来，使正向激励既在当下可感可及，又对未来可以预期，从而激励干部既把当下工作做得扎扎实实，又对未来工作早打算、长安排。

遵循正向激励规律

一般说来，正向激励资源投入越多，正向激励效果越好，但二者呈正相关是有条件的。使有限正向激励资源取得最好正向激励效果，迫切要求积极探索并切实遵循正向激励规律。

在激励时机上，坚持即时性与周期性相结合。当干部工作中遇到困难和不公时要雪中送炭，"要真情关爱干部，帮助解决实际困难"。当干部取得成功成就时要锦上添花，做到奖不逾时。习近平总书记强调："旗帜鲜明为那些敢于担当、踏实做事、不谋私利的干部撑腰鼓劲"。对埋头干事创业、担当作为的干部，要"及时发现出来、合理使用起来"，使其"有干劲、有奔头"。同时，根据党长期执政特点，以及不同工作的自身规律，确定合理的考核周期，定期考核干部，"引导干部树立和践行正确政绩观"，并用好考核结果，"形成能者上、优者奖、庸者下、劣者汰的良好局面"，从而保持正向激励效果的持续性与常态化。

在激励标准上，做到合法合规且适度。合法合规是有效正向激励可持续的基础和前提。如对干部的"不忘初心、牢记使命"主题教育要与党章对标，防止"低级红""高级黑"；提拔重用干部要依法依规按程序进行，其根本依据应为其所做的工作、工作成果以及组织和群众的认可程度；落实"三个区分开来"，要对干部宽容有据、免责有章；授予荣誉称号要公开、公认；等等。适度是以有限正向激励资源取得最大正向激励效果的边界。更好激发干部再接再厉，同时激发周围人自愿效仿，"让愿担当、敢担当、善担当蔚然成风"。

在激励措施上，坚持外在激励和内在激励相结合。外在激励是由工作之外的激励因素，如提拔重用、带来的激励。满足干部对外在激励资源的需求是正向激励的起点。在此基础上，树牢正确的用人导向，让干部有更多获得感和公平感，才能产生正向外在激励效果。

内在激励是工作本身的激励因素，如追求理想产生的使命感、被信任产生的责任感、被表彰产生的荣誉感、被关怀关爱产生的组织归属感等带来的激励。内在激励满足干部更高精神层面需求，强化其人生价值感、意义感，使之坚信"干事担事，是干部的职责所在，也是价值所在"。

外在激励与内在激励相结合，正向激励作用才能更持久、更强大。在激励形式上，坚持正向激励与负向激励相结合。对干部正向激励是重要的，但只有正向激励是不够的。坚持正向激励与负向激励相结合，更能抑制干部成长过程中可能出现的种种问题，使正向激励作用最大化。党章明确要求"正确地开展批评和自我批评"。习近平总书记强调，"要让批评和自我批评成为党内生活的常态"。要严明党的纪律，让干部重视党的纪律，"醒悟、知止"。要"把从严管理监督和鼓励担当作为统一起来，使干部在遵规守纪中改革创新、干事创业"。

《学习时报》（2025年04月11日第03版）

周恩来：对待工作"不要如浮云一样"

曹 阳

1972年7月20日，北京大学负责人周培源就此前周恩来布置给他的"把北大理科办好，把基础理论水平提高"的任务，写信给周恩来，针对国内基础科学长期落后的一些原因提出意见。周恩来阅后，写信给中国科学院和国务院科教组负责人，要求他们以这封信作根据，"在科教组和科学院好好议一下，并要认真实施"。他还特意强调："不要如浮云一样，过了就忘了。"

"不要如浮云一样，过了就忘了"，这句话说得很重，也颇耐人寻味。"浮云"了无根基，飘荡无踪，转瞬而过，难以追寻。周恩来以"浮云"作喻，形象、贴切而又恰到好处地表达出了掷地有声的要求和意味深长的嘱托。在当时极"左"思潮影响下，一些知识分子在研究工作上顾虑重重，"普遍的思想情况是不愿

做新时代的实干家

> **拓展阅读**

搞也怕搞基础理论研究","怕挨'理论脱离实际'的批评",对待基础科学研究有着欲做不能、欲罢不忍的尴尬心理。而当时很多西方国家的科技水平却是一日千里地向前发展。在此背景下,周恩来的这句话,既反映了他对当时普遍存在的工作作风松懈、人浮于事问题的忧虑,也体现了他对提高我国基础理论研究水平的责任感和急迫心情。

"不要如浮云一样,过了就忘了",反映的是周恩来求实认真的工作态度,真抓实干的工作要求,勇于担当的责任精神。对待工作,周恩来一贯要求要锲而不舍,落地生根。他反对做工作"如浮云一样,过了就忘了",是有针对性的。

第一种"浮云"现象,就是对工作说过了就忘,不再理会。这是一种对工作极端不负责任的行为,这种如浮云转瞬即逝的工作态度,是要坚决杜绝的。我们在工作中不仅要善于提出工作要求,制定工作计划,更要做到充分重视,付诸实施,说到做到。就如上面所提到的基础科学研究工作,关系着应用科学的进步和革新,关系着向现代化进军的成败,周恩来提醒有关人员不要将基础科学研究当作"浮云",要充分重视和认真对待基础科学研究工作,一以贯之,常抓不懈。1972年9月,周恩来在接见巴基斯坦总统科学顾问萨拉姆时,曾强调了开展自然科学理论研究的重要性,他说:"现在需要提高理论。本来理论周恩来：对待工作"不要如浮云一样"

拓展阅读

是指导实践的，有了经验没有理论还不行，在理论方面我们做得很差。不仅在原子能方面，就是一般科学也是如此。一句话，许多经验，没有理论，忽视理论，这是我最不满意的。"9月11日，他给张文裕、朱光亚的信中又写道："科学院必须把基础科学和理论研究抓起来，同时又要把理论研究与科学实验结合起来。"三令五申、反复强调，虽遇困难阻碍却下定决心、一往无前，这充分表明，周恩来对待工作的高度负责和认真态度，说过的事总是牢牢记挂于心。并时时提醒相关人员不要将某项工作当作浮云一样，随意飘过，而要抓紧加以落实。

第二种"浮云"现象，就是将完成工作停留在口头，只会夸夸其谈。周恩来向来抵制这种只会夸夸其谈的不良工作作风，并称之为"实际工作中的机会主义"。早在1956年，他在谈到中国科技发展的问题时就强调，要"认真地而不是空谈地向现代科学进军，我们必须抓紧时间""一年的时间是很容易在空谈和拖延不决中间浪费了的"。这里，周恩来就明确指出了空谈的危害性：容易让我们浪费了时间，错过了机遇。"空谈误国，实干兴邦"，真抓实干的工作作风一直是中国共产党人所倡导和实践的。反对空谈，崇尚实干，就要在全社会大力弘扬真抓实干、埋头苦干的良好风尚。很多时候，有没有新面貌，有没有新气象，并不在于制定一打一打的新规划、喊出一个一个的新口号，而

拓展阅读

在于结合新的实际，用新的思路、新的举措，脚踏实地把既定的工作蓝图变为现实。

第三种"浮云"现象，就是表面似乎是在干工作，但漫不经心，敷衍了事。这种现象很具迷惑性，因而危害甚大。周恩来经办的每一件事情，不论大小，他都以对人民、对党的事业高度负责的精神，一丝不苟、精益求精。他审批文件字斟句酌，交办工作细致具体，审查方案疏而不漏，处理问题严肃认真。有一次，周恩来宴请外国专家，外专局的有关同志在报送的宴请计划中将在京人数写为250至370人，周恩来阅后在这个数字上加了问号，由于他对在京专家人数了如指掌，就在旁边批注："至多280人"。周恩来还经常教育大家，办事要本着科学态度，不能用"大概""差不多""可能是"这种含糊不清的词，使用概念要准确。

在对待工作问题上，无论是说过就忘，还是只会夸夸其谈，或是蜻蜓点水、浮光掠影，这三种"浮云"现象的本质都是工作态度不端正，缺乏工作责任心，都不是我们所提倡的真抓实干。要真正落实好工作就必须实事求是、脚踏实地，更要一抓到底、常抓不懈。毛泽东也曾经说过："抓而不紧，等于不抓"。

真抓实干首先要求我们对工作常怀责任感和使命感。周恩来曾经说过："新中国的工作人员对自己的国家应有责任感，这

拓展阅读

样才能涌现出成千成万具有积极性和创造性的工作人员。"每个人都要有以国家、社会的利益为重的责任感，这才是我们勇往直前的不竭动力，才能感受到自我存在的价值和意义。周恩来就有着对事业的无限忠诚和高度责任感，在他病重时还常说：我只有八个字——"鞠躬尽瘁，死而后已"。周恩来曾亲自指导了我国的"两弹一星"事业，本着对人民高度负责的精神，在每次核试验之前，周恩来总要仔细询问可能影响成败的各个关键环节。他要求同志们要有"严肃认真，周到细致，稳妥可靠，万无一失"的高度政治责任感。

真抓实干的工作作风，重在一个"实"字。实就是实事求是的态度，就是脚踏实地的干劲。对于"实事求是"，周恩来曾经作过这样的解读："这四个字，话虽简单，却包含着丰富的内容"。即使在20世纪60年代初，党内浮夸风一度蔓延、"左倾"思想抬头的复杂情形下，周恩来仍然以马克思主义者的胆略与勇气，号召全党干部说真话，鼓真劲，做实事，收实效。面对"大跃进"产生的困难局面，周恩来提醒大家不要超过实际定指标，要注意综合平衡。他要求大家"落到实事求是"，要有"脚踏实地的干劲"。

真抓实干就是对既定目标的持之以恒，坚持不懈。对于很多关系国计民生的基础性工作，不是一个人或一代人就能够完

拓展阅读

成的,往往需要几代人的持续接力,坚持不懈。就像基础科学研究工作,关系社会生产和科学技术的进步,但它需要长期积累、坚持不懈,产出成果的周期也较长,成果的作用也不是立刻就能显现的,需要全面的、均衡的投入和长期的、稳定的支持,所以周恩来告诫科技工作者"不要如浮云一样,过了就忘了"。

周恩来提倡的"做实事、收实效",对待工作"不要如浮云一样"的精神,在今天为实现中华民族伟大复兴中国梦的历史进程中尤为重要。这与习近平总书记所说的"钉钉子"的精神是同样的道理。浮云日日变幻,常涨常消;钉钉子,却需扎扎实实,久久为功。一项事业的完成,往往也非一朝一夕,而是需要沿着正确的目标持之以恒地做下去。

"不要如浮云一样,过了就忘了",言简意赅,反复咀嚼,仍觉意味深长、耐人寻味。无论任何时候,只有用真抓实干的工作态度来对待事业、对待工作,我们的方针政策才能落在实处,措施才能得见成效,事业才能兴盛日进。

《党的文献》(2014 年第 04 期)

学术圆桌

| 学术圆桌 |

"实干"范畴新论

覃正爱

习近平总书记自上任以来强调得最多的词汇之一就是"实干"。在国家博物馆参观《复兴之路》展览时强调要"实现中华民族伟大复兴是一项光荣而艰巨的事业,需要一代又一代中国人共同为之努力。空谈误国,实干兴邦"。之后到深圳视察时又连续强调三个"实干":"面向未来,全面建成小康社会要靠实干,基本实现现代化要靠实干,实现中华民族伟大复兴要靠实干。"目前,"实干"已经成为人们最熟悉的一个词汇,逐步形成"实干"的价值共识。那么,究竟什么是"实干"?"实干"的作用有哪些?如何克服"实干"的误区?我们究竟应该如何"实干"?这些问题还是有必要作深入的思考。因为"中国梦"再高尚再完美,没有脚踏实地的实干,没有付出血汗的奋斗,就不可能抵达绚烂的梦想彼岸。

"实干"是一个过程范畴

按照传统的观点,所谓"实干"就是实实在在地做,或

学术圆桌

者切切实实地做事,简言之,就是少说多做,甚至不说只做。严格地说,这种仅把"实干"理解为"做"这个行为是非常不够的,是一种过于简单化的思维。笔者认为,"实干"应该是一个过程范畴,这个过程包括实思、实说、实做和实效四个环节。

1. 实思是前提

所谓实思,就是思考问题要符合客观规律,符合本地的客观实际。思考对于人来说是极其重要的,它是人与动物的根本区别,也是人能够适应与改造自然的真正奥秘。人的行为之所以区别于动物的行为,就是因为人在行动之前有缜密的思考。成功者之所以成功,很大程度上是因为思考的成功,也就是说,他的思考符合客观规律、符合客观实际,所以制定的计划、方案就比较切实可行;相反,失败者之所以失败,很大程度上是因为思考的失败,也就是说,他的想法不符合客观规律、不符合客观实际。想当年,毛泽东学习马克思主义阶级斗争学说之后用来思考中国革命的问题,并在《中国社会各阶级的分析》一文中对"谁是我们的敌人,谁是我们的朋友?"这一个革命的首要问题进行了深入的思考与解答,正是这一思考与解答成为中国共产党人干革命取得成功的重

> 学术圆桌

要原因。所以"实干"的前提就是要实思。离开了实思,"实干"就难免变成盲干、蛮干。

2. 实说是条件

所谓实说,就是把经过自己深入思考后的真实想法用口头或文字的形式告诉别人、告诉群众,让别人、让群众了解你的想法与意图。对于领导干部来说,实说是很重要的。实说,一定要说出实情、说出内心、说出真理。领导干部愿不愿意实说、能不能实说,反映他是不是对党忠诚、对群众负责,根本上是品德问题,本质上是党性问题。少数人常常空话连篇、大话盛行、假话很多、套话不绝,这是品德不佳、党性不纯的表现。实干的人,必须从实说开始。一是要敢于说出实情。也就是说,既要讲成绩又要讲问题,不夸大成绩,不回避失误,不掩盖矛盾;既报喜又报忧,尊重事实,全面准确,不弄虚作假,不搪塞问题,不掩饰纰漏。二是要勇于袒露内心。多说"掏心窝"的话,多说发自肺腑的话,少说甚至不说四平八稳的套话、毫无用处的废话、言不由衷的假话、是非模糊的瞎话。无论对待领导还是群众,都要言为心声,不虚情假意,用自己的真诚赢得领导的信任、群众的认可。三是要善于探究真理。对领导干部来讲,实说还有一个

学术圆桌

重要要求是说出真理。只有真理才能正确地指导工作、正确地引导群众。真理和事实是紧密联系的,只有掌握事实,才能发现真理。认真做好调查研究是说好实话、说出真理的前提。因此,领导干部除了要实说以外,还需要听实话,允许、鼓励基层干部、群众说实话。

3. 实做是关键

所谓实做,就是实实在在地去做事、切切实实地去解决问题,这是"实干"的关键环节。古人云:"为政贵在行,以实则治,以文则不治。"邓小平也说过,世界上的事情都是干出来的,不干,半点马克思主义也没有。只有把嘴上说的、纸上写的、会上定的,变为具体的行动、实际的效果、人民的利益,我们的工作才算做到了位、做到了家。这是有深刻的历史教训可资借鉴的。战国时期的赵括只会"纸上谈兵",以致40万赵军全军覆没,赵国从此一蹶不振直至灭亡。魏晋时期以何晏、王弼为代表的贵族名士崇尚无关国计民生的清谈,影响一代风气,以致国家衰败,民不聊生,有人说"何晏、王弼之罪,深于桀、纣",可谓一语中的。鲁迅先生说,魏晋时期"许多人只会无端的空谈和饮酒,无力办事,也就影响到政治上,弄得玩'空城计',毫无实际了"。实践证

> 学术圆桌

明，无论是两军对垒，还是市场竞争，无论是治国理政，还是待人接物，倘若空谈成风，危害非常之大。所以，"实干"的关键就是实实在在地去做、切切实实地去解决问题，而不是见到问题就绕道而行。列宁说"一步实际行动胜过一打纲领"，这是被大量事实和历史经验反复证明了的真理。

那么，怎样实做呢？一是要强化执行落实。毛泽东说过："什么东西只有抓得很紧，毫不放松，才能抓住。抓而不紧，等于不抓。"到2020年全面建成小康社会的目标已经确立，任务相当艰巨，关键是要一步一个脚印地抓落实。要把具体任务落实到基层、到个人，做到人人出智慧、想办法，人人有压力、有动力，杜绝坐而论道、只说不干，防止以会议落实会议、以文件落实文件。要结合各地区、各部门的实际，一点一点地积累，一步一步地前进，不懈怠、不折腾、不忽悠、不停滞。二是要遵循客观规律。任何地方、任何时候推动工作都可能遇到矛盾和困难。特别是在当前竞争压力不断加大、体制瓶颈难以突破、各类资源日益趋紧的情况下，经济发展、社会稳定都面临不小的困难。克服困难、解决问题，根本途径就是按客观规律办事、从实际出发办事，用不断的实践来应对不断出现的困难。决不能为了达到短期目的、实现眼前利益、化解现实矛盾而竭泽而渔、饮鸩止渴、急功近

> 学术圆桌

利。三是要受到群众欢迎。要端正办实事的动机和取向，不是树立个人形象、为升迁铺路，不是追求个人政绩、图领导满意，而是对组织负责、对事业负责、对群众负责。作决策、干工作一定要遵从群众意愿、受到群众欢迎。狠抓落实、真抓实干是群众最期盼、最欢迎、最满意的，而华而不实、形式主义则是群众最不满意、最有意见的。领导干部决不能低估群众的判断力、群众的影响力，那些表面功夫的事、劳民伤财的事、逢场作秀的事，群众一眼就可以看穿，最终会被鄙视和唾弃。古人云："口能言之，身能行之，国之宝也；口能言之，身不能行，国之用也；口不能言，身能行之，国之富也；口言善，身行恶，国妖也。"实做是当前各级领导干部的迫切需要，也是广大人民群众最大的期盼。

4. 实效是目的

所谓实效，就是做事所取得的实际功效，或者说工作一定不要搞花架子、做表面文章，要真正地取得实实在在的效果。正如古人所说"去苛礼而务至诚，黜虚名而求实效。"简单地说，求实效，就是要实现形式与内容、数量与质量、当前与长远和对上与对下的有机统一。一是要为全局做贡献。要加强创新与创造，下大力解决一些长期困扰、亟待突破的

> **学术圆桌**

重点难点问题，创新方式与方法，创造特色与经验，为经济社会的全面发展提供借鉴和参考。二是要为群众谋福祉。要把群众诉求作为第一信号，把群众利益作为第一考量，把群众满意作为第一标准，真正按群众意愿、基层实际来谋划和推进各项工作。当前，既要着力解决群众最关心、最直接、最现实的利益问题，又要注重教育、引导群众跟从党的领导、服从大局利益；既要着力解决好全面增长的问题，又要注重构建公平公正的社会环境，千万别只求形式、不求实效，要么纸上谈兵，只说不干，要么夸夸其谈，工作飘浮，要么热衷于形式主义、表面文章，这样必然严重脱离群众，损害党和政府的形象。三是要为长远打基础。注重从基础工作做起，包括制订科学的规划、建立科学的机制，建设好队伍、聚集好人才，完善基础设施、加强基础保障，为经济社会可持续发展提供强有力的后劲。

实思、实说、实做、实效是密不可分的"四位一体"，是领导干部思想作风、工作作风的重要表现和基本要求。一个领导干部要做到实干，就必须做到实思、实说、实做、实效，并使之成为各级领导干部的共同追求、共同习惯，唯此，中国经济社会的发展、稳定才会不断跨上新的台阶。或许这样来理解"实干"范畴才是科学的、合理的。

学术圆桌

"实干"的重要作用

1. 实干是我们党的优良传统

中国的国家独立与民族解放,是无数革命先辈一枪一弹打下来的;社会主义的宏伟大厦,也是无数劳动者一砖一瓦垒起来的。我们靠着"节衣缩食、勒紧裤带"的实干精神,在一穷二白的新中国建立起完整的工业体系;鼓起"杀出一条血路"的改革勇气,用短短数十年走过西方国家二三百年的历程。饱经沧桑的中国共产党之所以能走出苦难、走向辉煌,靠的不是空想清谈,而是实干苦干。正是因为一代代中国共产党人的埋头苦干和接力奋斗,中华民族的伟大复兴才展现出如此光明的前景,伟大的"中国梦"才越来越接近实现。实践证明,唯有实干,宏伟目标才能变为现实;唯有实干,党的各项方针政策才能落到实处。目前,国际形势波云诡谲,国内发展攻坚克难,处于发展关键期和矛盾凸显期的中国尤其需要真抓实干。特别是全面建成小康社会进入"倒计时",人民对美好生活的向往怎样落实为执政兴国的具体措施?全面深化改革已成最大共识,如何通过不断创新释放"制度红利"?干部清正、政府清廉、政治清明是我们党的庄严承诺,强化监督、反腐防变能否落到实处?解决这些问

学术圆桌

题,唯有实干,别无他途,这就是中国共产党优良传统所昭示的道理。没有脚踏实地的实干,没有扎扎实实的工作,我们党就很难承担起自己的历史责任。

2. 实干是共产党人的政治本色

全心全意为人民服务是我们党的根本宗旨,也是共产党人政治本色的具体体现。坚持党的宗旨,加强党性锻炼,关键是要树立真抓实干的作风,扎扎实实、坚持不懈地为群众办实事、办好事。既要对上级负责,又要对群众负责,通过真抓实干把二者紧密结合起来:既不能借口对上级负责,不从本地实际出发,又不能借口对群众负责,搞上有政策、下有对策,损害党和国家的利益。机遇稍纵即逝,改革不进则退,时代呼唤只争朝夕、真抓实干的行动者。只会纸上谈兵,热衷空谈虚言而不真抓实干,追求形式主义而不脚踏实地,结果只能使大政方针落空、政策措施变味,至于那些台上唱高调、台下瞎胡闹的贪腐分子,更是制造政治泡沫、败坏党风政风。

3. 实干是改革发展的基本方法

当前,我国正处于发展的重要战略机遇期,前进中遇到

学术圆桌

不少需要克服的困难和风险。只有攻坚克难，乘势而上，我们才能抓住和用好机遇，赢得未来发展的主动权。如果自满懈怠，心浮气躁，就不可能开创改革和发展的新局面，已经取得的成果也有可能得而复失。"十三五规划纲要"已经出台，中央部门和地方相继出台了一系列推进改革发展的具体思路、政策和措施，现在关键就是要紧密结合本地实际，不唯上、不唯书、只唯实，具体地说，就是要实干，通过创造性地开展工作来探求解决问题的具体办法。

4. 实干是赢得民心的制胜法宝

人民群众是最讲实际的，他们喜欢的是那些能够真正深入群众，听取民声，了解民情，解除民忧，把为人民群众办好事、办实事当作第一追求的党员干部。而对那些只尚空谈，坐而论道，不关心群众的冷暖，不关心群众的疾苦，甚至对群众耍威风，摆架子，弄虚作假，欺上瞒下的官老爷，人民群众是深恶痛绝的。只有从人民群众的利益和要求出发，转变作风，坚持实干，得到人民群众的信任和拥戴。

5. 实干是领导能力的具体体现

实干既是领导干部的优秀品质，又是领导能力的鲜明

> 学术圆桌

特质。领导能力来自于实干，又见之于实干。群众评价一个干部的能力，往往是不看宣言看行动，不看"唱功"看"做功"。与其喊破嗓子，不如做出样子。实干是最好的领导方法，实干是过硬的领导能力。领导者既要有先进的理念，又要是操作的"行家里手"。如果只会说不会干，只挥手不动手，做空谈的巨人，当实干的矮子，就毫无能力可谈，也毫无水平可言。一个人的生命是有限的，领导者的任期是短暂的。然而，我们担当的责任却是历史的。为一个地方的发展多干利长远、打基础的事，为一方百姓的福祉多做惠万家、荫子孙的事，既是使命所系，也是价值所在。各级领导要十分注重锤炼实干的品质，把嘴上说的、纸上写的、会上定的，变成具体的行动和实际的效果，在实干中体现领导能力，在实干中展现岗位追求，在实干中实现人生价值。

"实干"的主要误区

1."实干"变盲干

毛泽东在《中国革命战争的战略问题》中指出："鲁莽家不知改变，或不愿改变，只是一味盲干，结果又非碰壁不可。"什么是盲干？所谓盲干就是不顾主、客观条件或目的不明确地

学术圆桌

去做。在这里，盲干主要指两个方面的情况：一是不顾主客观条件就去干。任何事物的存在和发展都是需要主客观条件的，只有具备了各种条件，才能办成事情，要是条件不具备，就很难成功。王进喜当年在开发大庆油田时说"没有条件创造条件也要上"就是说的这个道理。二是不知道目的就开始干。人是目的性的动物，干任何事情都是有目的的，没有目的就去干，往往就是白干，而白干是没有意义的。具体地说，就是在干之前必须弄清两个问题：干什么？为什么干？如果不知道干什么，也不知道为何而干，我们就很容易盲干。干什么？为什么干？往往决定着我们干部的行动方向、行动目的和行动性质。因此，要实干，但千万不要"盲干"，实干一定要创造各种主客观条件，一定要有目的。

2. "实干"变蛮干

人们早已认识到，没有实践的理论是空洞的理论，没有理论的实践是盲目的实践。的确，理论与实践之间具有紧密的联系，实干一定要在理论的指导下干，才不会蛮干，离开了理论的指导，无论干什么都会出现蛮干的情况。蛮干，说到底就是不顾客观规律和客观实际，主观臆想、随心所欲地干。当年，"左倾"机会主义者主张中国革命要走俄国革命

学术圆桌

的道路，也就是走城市包围农村的道路，到处策划城市起义，以企图尽快占领大城市，尽快取得全国革命的胜利，结果给中国革命带来不可估量的损失，险些将中国革命扼杀于摇篮之中。毛泽东领导的秋收起义就是在执行攻打长沙的命令时由于寡不敌众遭惨败而被迫上井冈山的。当前，我们要实干不要蛮干，就一定要加强马克思主义理论武装，坚持用马克思主义理论特别是用中国特色社会主义理论体系武装全党、教育人民，不断提高理论思维能力，自觉用习近平总书记系列重要讲话精神统领工作大局，结合本地区的实际，以最紧迫、最突出、最重大的问题入手，细化政策，实化措施，调动各方积极性，只有这样才能紧紧抓住发展机遇，务求取得实实在在的成效，实现经济又好又快发展。

3. "实干"变重干

现实生活中，我们不难看到，人虽然很实干，但戏并不好看的情况，诸如城市建设千篇一律、同类企业竞相建立、科学实验炒剩饭等重复建设就是最典型的。所谓重复建设就是指生产能力超过社会需要，建成后不能发挥效益的同类项目的建设，是多余的不必要的建设。这种重复建设的危害很多：一是使国家资金分散使用，不能保证重点建设的需要；

> 学术圆桌

二是不合理的投资结构造成不合理的企业结构，大型新建企业不是按专业化协作的原则，而是按各地区、各部门自成体系的要求建设，使企业朝着更加分散的大而全、小而全的方向发展；三是不合理的企业结构阻碍技术进步，形成不合理的技术结构，导致不合理的产品结构；四是优质名牌产品增长缓慢，而质次价高的产品却膨胀发展；五是严重浪费投资，大量产品积压，流动资金呆滞占用。这种重复建设式的实干是最劳民伤财、费力不讨好的，因而也是最可怕的。

4."实干"变急干

当前，人人渴望成功，各地发展愿望迫切。先进者抢立潮头，居中者力争上游，落后者奋勇争先，呈现出百舸争流的生动局面，这种时不我待的"急"，体现了宝贵的发展意识和进取精神，令人欣喜。然而，值得注意的是，仍存在的实干变急干，急于求成、急躁冒进、急功近利、心浮气躁、好高骛远、争名逐利，已经影响到经济社会的发展。例如，把做大 GDP 作为发展地方经济和为官执政的"第一追求"，忽视城市与农村的平衡发展，导致二元经济结构问题突出；忽视经济与社会的平衡发展，"经济腿长，社会腿短"诱发社会矛盾不断增加；忽视投资与消费的平衡增长，一味追求

学术圆桌

上项目而忽略扩大消费,导致产能过剩等结构问题突出;忽视对外开放与国内经济的平衡发展,内需不足造成经济发展的内生动力缺乏;忽视人与自然的和谐发展,生态环境趋于恶化,可持续发展能力下降,如此等等。这种在急于求成心理的驱动下不顾客观现实拼政绩,不论群众是否愿意,不管是否具备承受力,上项目、铺摊子,没有钱便乱摊派、乱集资、乱收费、乱罚款;没有物就索要、以借代派;其他人不赞成便搞家长制、一言堂,个人说了算等行为做出来的"政绩",只能使群众抱怨、干部反对,最终贻害一方。

"实干"的现实途径

1. 要实心地干

实干,要有实心。即思想上实心实意为群众谋利益。思为行之始,行为思之成。一个领导干部能否做到实干,关键取决于对人民群众的态度。心里惦着百姓、想着群众,则实干有望;反之,只顾应付上级、个人私欲膨胀,则实干无望。作为领导干部,必须从思想上牢固树立宗旨观念,为了群众不遗余力,实心实意为了群众。具体地说,实干要有"三心"。

一是有责任心。实干,是一种源自对老百姓的深厚感情、

学术圆桌

为民为国的责任感,这种责任感能让领导干部出勇气、出力量、出智慧、出水平。能否实干,不仅关系领导干部的个人荣辱,更事关千万百姓的安危。因此,必须强化"责任重于泰山"的意识,在其位、谋其政、司其职、尽其责,时刻绷紧责任弦,把群众的冷暖放在心上。有了这种责任感,就会在工作中时刻问问自己为老百姓做了什么,还有什么没有做,还有什么可以做得更好,做到在其位、谋其政、尽其心、用其力,成为人民群众信得过的领导干部;就会强化"100—1=0"的意识,以干不好事、干不成事就吃不香、睡不着、心不安的劲头,扎实推动工作上质量、上水平。

二是有进取心。贪图安逸,满足现状,实干就会失去动力。作为领导干部,就要时刻保持奋发有为的精神状态,树立"为官一任,造福一方"的壮志,既不吝惜自己的气力,也不吝惜自己的才能,勇对困难,不拘现成,不满足于现状,争创业绩。这就要求我们要以实干为荣、以实干为责、以实干为大,坚决摒弃"多干多错、少干少错、不干不错"的消极心态,坚决破除"干得好不等于领导印象好、干得少不等于提拔机会少、干得差不等于组织评价差"的功利思想,坚决打破"以会议落实会议、以文件落实文件、以讲话贯彻讲话"的"八股作风",说干就干、脚踏实地,该干则干、雷

学术圆桌

厉风行，办成一些大事，干出一番事业。惟有如此，我们才能真正把为人民谋利益落到实处，我们的事业才能兴旺发达，我们才不至于成为"空谈的巨人，行动的矮子"。

三是有奉献心。宋代范仲淹有句名言"先天下之忧而忧，后天下之乐而乐"。实干就意味着付出，怕苦怕累、贪图安乐是与实干格格不入的。作为领导干部，必须甘于奉献，甘于付出，勇于牺牲个人利益。

2.要科学地干

实干，要讲科学。不讲科学的实干，就是盲干，就是蛮干。

一是要科学谋划工作思路。思路是纲，纲举才能目张。有了切合实际的思路，实干才有着力点。作为领导干部特别是一把手，是一个地方或单位的领路人，必须善于谋划正确的工作思路和方法。否则可能就会"一着不慎，满盘皆输"。好思路的基础是缜密思考、科学决策。

二是要科学掌握工作方法。掌握工作方法，就是要多一些辩证思维，做到胸中有大局，善于抓突出矛盾、关键问题，善于找准症结、破解难题；就是要多一些服务意识，对攸关发展和民生的大事、要事抓具体、一抓到底；要多研究事物

学术圆桌

规律，注意用行政的、经济的、法律的等手段统筹解决问题；就是要"先做后说，没做不说；想好了再说，说好就做；说到做到，说好做好"；就是要注重调查研究。调查研究是"谋事之基，成事之道"。谋划好思路，就要通过深入基层、深入群众，掌握本地本单位的实际，从调查中发现问题，从群众中汲取营养，通过认真比较分析，找出好的思路和方法。绝不能异想天开，心血来潮，拍脑袋盲目决策。作为领导干部，就要善于把上级精神与本地实际有机结合起来，立足实际，看准机遇，开动脑筋，找准突破口，创造性地贯彻上级精神，谋划跨越式发展的思路和方法。同时要与时俱进，在注意工作思路连续性的基础上，根据形势的发展变化，适时谋划更符合实际的思路和办法；就要分清轻重缓急，善于抓主要矛盾，抓牵一发而动全身的关键环节，带动全盘。

三是要形成科学的工作作风。好的思路、好的举措，没有好的作风，功效就会大打折扣，甚至会毫无成效。因此，作为领导干部，要做到实干就必须树立良好的工作作风。要扑下身子，埋头苦干。万丈高楼平地起。为人民建功立业，需要做大量的具体工作，解决许多实际问题，必须认认真真地去做，扎扎实实地去干。实干，就要少说多做，围绕正确的工作思路，从繁杂的应酬中摆脱出来，从文山会海中解脱

学术圆桌

出来，深入实际，脚踏实地，重实际、务实事，一步一个脚印，一项一项地去抓。决不能搞官僚主义、形式主义，追求表面热闹，热衷于华而不实的"面子工程""政绩工程"，不能急功近利，给以后的发展留下隐患。

四是要建立科学的考核标准。实干仅靠一个人是不行的，必须依靠整个干部队伍。因此，一方面，要建立健全严格的目标责任制，实岗实责，解决好职责不清、人浮于事的问题，调动大家实干的积极性。要把督查与目标责任制结合起来，贯穿到各项工作的全过程，避免中间疏查、秋后算账的倾向。另一方面，要建立和完善科学的考核标准。以治假求实为出发点，正确评价每个干部实绩，并以此作为奖优罚劣的依据，解决干不干一个样、干好干不好一个样、干多干少一个样的问题，引导督促广大干部队伍真抓实干，争创业绩。同时，要端正用人导向。用什么人，不用什么人，对党的作风建设具有重要的导向作用。营造实干风气，就要求各级领导干部特别是一把手要坚持用好的作风选人，选作风好的人。具体说就是要坚持德才标准和群众公认原则，提拔重用作风扎实、肯于干事、实绩突出的人，坚决不用作风漂浮、不干实事、弄虚作假的人，从而在全社会树立良好的用人导向，营造干部队伍的实干风气。

学术圆桌

3. 要民主地干

实干，要重民主。社会主义国家的人民是主人翁，人民具有主体地位和首创精神，因此，领导干部要实干，就必须发扬民主，深入实际、深入基层、深入群众，真正做到一切从实际出发，问情于民，问意于民，问计于民，问策于民，集中群众的智慧，才能有正确的思路、决策、手段、措施。那些善于搞迎送、走形式的领导干部"蹲不住""心不入"，听不到真实呼声，看不到真实情况，了解不到群众的真实想法，往往工作不到位，甚至落了空。务虚的做法太多，必然会寒了群众的心。要带着感情和关爱，走出机关，沉下基层，多走走路，多问问话，真正把心思放在群众的利益上，把群众最盼的、最急的、最难的事办好，把事关群众切身利益的问题解决好。

要发扬民主、落实民主就必须做好调查研究。毛泽东早就说过"没有调查就没有发言权"，同样，没有调查就没有决策权，重视调查是发扬民主的重要体现。不管多么了不起的策划大师，也要先从调查研究工作做起，把调查研究工作搞扎实，一旦调研工作出问题，无论多么如意的策划，都只能是"水中月，镜中花"，甚至难逃"盲人骑瞎马，夜半临

学术圆桌

深池"的厄运。毛泽东在20世纪20年代初就立志了解研究中国问题,作为党内调查研究的先行者和大师,毛泽东有一句至理名言:"认清中国的国情,乃是认清一切革命问题的基本根据。"

搞好调查研究必须由表及里仔细"看"、认真"听"、广泛"问"。无论是调查研究还是检查工作,"看"都是了解情况的重要一环,但是"看"只是认识事物、获得实情的一部分,而不是全部。有些情况是难以看到或根本看不到的。作为领导干部,只有坚持由表及里,才能看到实情,看出问题。现在,大多数领导干部在调查研究中都能做到"多问一问群众",但往深处去问、刨根问到底,并不是每个领导干部都能做到的。因为问多了、问深了,怕"问"出自己也解决不了的问题。同样是问,但心思不同,思路、问法和效果就迥然不同。有人说得好:解决领导干部"不敢多问、不敢深问"的问题,关键是要端正工作指导思想,要弄清是"为例行公事而问",还是"为解决群众问题而问"。如果各级领导干部在调查研究中,都抱着解决群众关心的问题的态度去"问",抱着对党的事业负责的态度去"问",那就不会只停留在表面上"问一问",而会往深处问、往难处问、往疼处问,这样才能问出真情、问出效果。

学术圆桌

4. 要依法地干

实干，必须依法。众所周知，实干是关系到事业成败的根本要求，然而，在一些单位却并没有真正实干起来，问题往往就出在从思想认识上强调的多，而从法规制度上考虑的少；笼统的号召提倡多，具体的奖惩措施少；事前提出的警告多，事后较真碰硬的少。制度既是一种约束，制度更是一种保障，只有制度才能使实干的行为规范化和长期坚持。各项法规制度是革命和建设经验与规律的科学总结。我们各级所做的工作，从一定意义上讲，就是在做落实法规制度的工作。坚持依法依规领导和运转工作，是优化各级领导作风的本质要求，是克服工作中的主观主义、经验主义、实用主义和自由主义的一剂良药。要牢固树立依法领导、依法尽职的观念，克服"没有法规想法规，有了法规不依法规"的随意性，以法规规范领导行为，形成严格、正规、有序的工作环境。要建立健全决策目标、执行责任、考核监督，以及一套促进工作落实的制度和规定，并根据形势和任务的发展需要，不断创新机制，完善内容，强化对各项工作的考核督导，以保证把各项任务更好地落实。因此，要在建立和完善法规制度的同时，大力提倡领导干部学习、掌握与本职工作相关联

> 学术圆桌

的规范性文件，从中学原则、学标准、学职责、学要领，成为熟悉法规制度的明白人。要知行统一，依法办事。善于运用法规手段与组织手段相结合来推动工作，把那些在习惯轨道上、靠临时摆弄运行的工作，引导到依法运转的轨道上来。以落实法规制度的质量求工作质量，以法规制度的落实求工作实绩。

5. 要创新地干

实干，要敢创新。创新是领导干部突破阻碍工作落实的各种不利因素，更好地推动工作的需要，也是为了更好地提高经济与社会效益、不断提高竞争力的需要。在当今经济社会高速发展的情况下，在继承的基础上落实，在落实的基础上创新，已经成为领导干部开展决策和执行的一大显著特征。

一是要立足岗位创新。创新并不仅仅意味着破旧立新，也并非只有改革编制体制、调整政策法规才算是创新。要坚持以现有条件为创新的基础，以本职岗位为创新的平台，着力抓好那些本级、本单位、本部门、本人可以做、能做好的事情，在"实"字上做文章，在"干"字上下功夫，一扫光想不干、光说不练的空谈之风，代之以苦干实干精神，在认真落实岗位责任、完成本职任务上下真功夫、细功夫、实功夫,在苦干中磨砺意志、增长才干,在实干中开拓创新、成就事业。

二是要注重效果创新。善于对实践成果进行理性升华,把感性的认识上升到理性的思路,把零散的做法归纳成系统的经验,特别是对那些能够体现建设发展趋势和大局、符合本单位、本岗位实际的成果要及时进行分析研究,找出特点规律,见微知著,举一反三,转化为自身的创新能力,并用"效"来检验。何谓"效"?"效"就是效益、效率、效能、效果。发展看速度、看数量、看质量,更要看效果,还要看人均、看资源环保、看群众评价。效果怎么样,自己说了不算,最终看群众满意不满意、高兴不高兴、拥护不拥护、赞成不赞成。任何一名领导干部,要想使本单位、本部门的工作能够做出成绩,必须在实干中创新,实干才能出成果,失去实干这块基石谈创新,只能是纸上谈兵,一事无成,没有创新,就不会做出超常的成就。

三是要注重总结创新。一项工作或一个阶段工作做完后,要回过头总结一下,看看哪些做得好,想想是怎么干的,有什么经验;哪件事出了纰漏,分析一下什么原因,有什么教训,今后再做这样的工作应该怎么办。做到吃一堑,长一智,干一件事情、有一次提高,完成一次任务、增长一份本领。

学术圆桌

总之,只要我们踏踏实实地干,勤勤恳恳地干,一步一个脚印地前行,做到讲实话、干实事,敢作为、勇担当,言必信、行必果,就一定能够实现中华民族伟大复兴的中国梦。

《理论视野》(2017 年第 02 期)

学术圆桌

中国共产党执行力系统研究

杨发庭　马正立

中国共产党作为中国特色社会主义事业的领导核心,始终重视狠抓落实,不断强化执行力。早在2010年1月,十七届中央纪委第五次会议就提出:"提高中国共产党的制度执行力。"2017年10月,党的十九大报告指出:增强狠抓落实本领,坚持说实话、谋实事、出实招、求实效,把雷厉风行和久久为功有机结合起来,勇于攻坚克难,以钉钉子精神做实做细做好各项工作。2019年10月,党的十九届四中全会指出:我国国家治理体系和治理能力是中国特色社会主义制度及其执行能力的集中体现。2020年10月,党的十九届五中全会指出:坚持系统观念。加强前瞻性研究、全局性谋划、战略性布局、整体性推进。这些重要论述都鲜明地表现出中国共产党执行力成为党的建设中重要的研究对象和政治范畴。深入分析中国共产党执行力系统,具有重要的理论意义和实践意义。

> 学术圆桌

方向基：确保党的领导坚强有力

习近平总书记从系统论的角度，把坚持党的领导作为中国共产党执行力系统的重要组成部分，为中国共产党执行力系统指引方向。提高党的执行力，必须以此为前提，保证党的理论、路线、方针、政策的现实性和连续性，保证执行的正确方向。习近平总书记从党的领导地位出发，科学地揭示了党的领导在本质规定、历史继承和实践统一等三方面的一致性，这是提升中国共产党执行力的重要基础。

1. 锻造最高政治领导力量

作为马克思主义政党，中国共产党提升强大执行力的前提是确保自身的领导地位。对于中国共产党来说，政党政治形成和发展的过程与其他国家建构时序逻辑不同，基于政党建构国家逻辑，而不是政党在国家建构以后才生成。在这样的逻辑基础之上，就意味着在我国解决一切问题"关键在党"，中国共产党执行力系统也必须与"党是最高政治领导力量"紧密相连。正如习近平总书记在党的十九大报告中提出"党是最高政治领导力量"这个重大论断，这是对党的核心领导地位的政治界定。

一方面，中国共产党作为一个政治组织和执政党，有着

> 学术圆桌

完整的组织体系,即从中央到地方的各级党委,通过各级党组织和党员贯彻落实各项政策。另一方面,作为中国特色社会主义事业的领导核心,中国共产党通过对政治路线、方针、政策的领导,来施加影响。从这个意义上说,每一项重大战略部署和布局,都需要从党是最高政治领导层的高度来理解、把握和实施。永葆中国共产党这个最高政治力量,并通过对社会发展力量的有效制衡和正确引导,确保中国共产党各项政策执行的正确方向。

2. 坚持党的集中统一领导

习近平总书记多次强调,必须建立"一盘棋"思想,所有地方的具体政策都必须遵循总路线和总政策,不能各自为政,否则,在具体工作路线和具体政策的执行过程中,可能会出现方向性错误。社会主义现代化建设是一项大规模的系统工程。贯彻落实各项政策,坚持地方性和全局性相结合,必须坚持党的集中统一领导,这是确保贯彻落实的一项重大原则。可以说,提升中国共产党执行力,就要充分发挥党的集中统一领导这一显著优势。回顾历史,党的集中统一领导为中国共产党执行力做方向保障,集中力量办大事,确保全国上下"一盘棋",各方面积极性能够被充分调动,创造出

学术圆桌

经济快速发展奇迹。"成就不是天上掉下来的,更不是别人恩赐施舍的",而是全党全国各族人民在中国共产党这个"最高政治领导力量"的集中统一领导下大力发扬"钉钉子精神",不断锻造强大执行力的结果。

3.坚持党对一切工作的领导

坚持党对一切工作的领导是提升中国共产党执行力的根本要求。这是因为对于中国共产党来说,党的双重政治地位决定了提升执行力的前提基础是确保领导方向正确。特别是在新时代,中国共产党执行力系统的目标维度是要更加自觉地坚持党的领导全覆盖。只有不断提高党总揽全局、协调各方能力,才能推动重大工作落实落地,从而确保执行力不断提升。习近平总书记反复强调"坚持党对一切工作的领导,既要政治过硬,也要本领高强",贯彻和体现为党在各个领域的领导,确保党始终坚持总揽全局。在落实各项重大问题和决策部署中,要定基调、定方向、划底线、抓重点、强督查、严问责。随着改革进入深水区,各种改革措施之间耦合性很高,需要凝聚力量来整体推进。只有中国共产党才能充分发挥全面领导作用,确保各项决策方案得到有效落实。

| 学术圆桌 |

4. 加强和改善党的领导

中国共产党的执行力是否得到提升，最终还是要看党的领导是否坚强有力。习近平总书记在党的十九大报告中提出"完善和落实民主集中制的各项制度，坚持民主基础上的集中和集中指导下的民主相结合，既充分发扬民主，又善于集中统一"，这为进一步健全民主集中制，确保党的领导坚强有力，提升中国共产党执行力指明了方向。

确保党的领导坚强有力，必须不断加强和改善党的领导。习近平总书记多次提出要加强和改善党的领导，完善党的领导体制和机制，提高党的领导水平。这为更好保障中国共产党的执行力提供深层次的动力，二者是相互保证的有机统一。不断加强和改善党的领导，要求党的领导理念更加先进，党的执政方式和领导方法更加科学，党的领导体制和执政能力更加现代化。在从"摸着石头过河"到"以问题为导向"的改革过程中，要不断改进党的领导方式和执政方式，实现从"分工负责"到更强调"集中统一"；从"分权决策"到"依法治国"；从"分权竞争"到"高效协同"；从"单中心思维"到"合作思维"的一系列转型调整。

| 学术圆桌 •

动力源:"以人民为中心"的价值坐标

中国共产党锻造强大执行力的实践取向是使行为结果符合实践主体的主观合理需要。也就是说,首先要有一个值得追求的、值得努力的目标,这个目标必须是符合"善"的要求、能够凝聚社会共识的。"善"的目标可以为中国共产党提升执行力提供本质动机。习近平总书记从"以人民为中心"角度明确了中国共产党提升执行力的动力源。

1. 以人民为中心的价值取向是中国共产党提升执行力的核心要义

人民性是中国共产党执行力的根本取向,中国共产党执行力如何,人民群众的满意度是重要标准。习近平总书记特别重视党的各项政策法规制度的贯彻执行并落地生根,归根到底,是为了使人民的利益获得保障。

第一,从坚持人民主体地位出发,回答了中国共产党提升执行力究竟"依靠谁"的问题。从党的十八大第一次提出"坚持以人民为主体",充分调动人民群众的积极性、主动性和创造性,这是中国共产党提升执行力的首条要求,到党的十九大强调"必须坚持人民主体地位",再到中华人民共和国成立70周年大会上再次强调"坚持人民主体地位",这一

> 学术圆桌

系列过程充分体现了习近平总书记将"以人民为中心"贯穿于中国共产党执行力的价值取向之中。中国共产党要把最广大人民的智慧和力量融入党的路线方针政策的有效贯彻中,与全国人民一道,为推进中国特色社会主义事业而努力。只有从坚持人民主体地位出发,中国共产党才能获得力量之源。因此,提高党的执行力,就必须充分发动群众的积极性和创造性。人民的支持是中国共产党锻造强大执行力的合法源泉。提升中国共产党执行力,要坚持以人民为中心,坚持人民的主体地位,把党的群众路线贯彻到治国理政的各项活动中去,只有这样,符合广大群众利益的各项好政策才能更好地取得贯彻执行的实际效果。

第二,从践行全心全意为人民服务的宗旨出发,回答了中国共产党提升执行力究竟"为了谁"的问题。习近平总书记指出,"全心全意为人民服务,是我们党一切行动的根本出发点和落脚点,是我们党区别于其他一切政党的根本标志",这充分体现了中国共产党执行力系统的价值坐标。作为中国共产党执行过程的基本准则,习近平总书记将以人民为中心的价值取向回归到中国共产党人的初心上。在接受俄罗斯媒体专访时,习近平总书记表示中国共产党的执政理念是"为人民服务,担当起该担当的责任"。在他看来,坚持

学术圆桌

人民立场,并不只是将执政理念放在口头上,更不是躺在党章的条款里,而是锻造强大执行力使其在执政过程中兑现承诺。习近平总书记反复要求"着力打通联系服务群众的'最后一公里'"。在一定意义上,全心全意为人民服务,关键在落实,不仅要植根于思想中,体现在各项政策安排中,更要落实在具体行动上,必须用实践来检验,中国共产党必须干在实处,走在前列。

第三,从增进民生福祉角度出发,回答中国共产党提升执行力究竟"由谁享有"的问题。"增进人民福祉、促进人的全面发展是我们党立党为公、执政为民的本质要求。"实现老百姓的"美好生活梦""幸福梦"是中国共产党执行力系统的价值坐标,中国共产党在各项政策执行过程中要了解百姓需要,真正落实"人民"二字,尤其是要意识到人民的需要已经从过去物质生活层面上升到美好生活领域,要把实现人民"美好生活梦"作为检验各项政策执行好坏的基本标准。

2.以人民为中心的价值坐标为中国共产党提升执行力提供动力源

习近平总书记指出:"以人民为中心的发展思想,不是一

> **学术圆桌**

个抽象的、玄奥的概念，不能只停留在口头上、止步于思想环节，而要体现在经济社会发展各个环节。"以人民为中心的价值坐标，贯穿于新时代中国共产党执行力系统全过程。人民是中国共产党执政的根基，一切政策的落实都要依靠人民。习近平总书记十分注重维护人民的利益，认为最强的执行力基础是赢得民心的能力。

第一，将以人民为中心贯穿于中国共产党执行"四个全面"战略布局之中。2015年2月，习近平总书记在省部级领导干部学习贯彻党的十八届四中全会精神专题研讨班上首次提出"四个全面"战略布局。中国共产党确保执行力的根本目的就是使发展成果惠及全体人民。"四个全面"战略布局贯穿"以人民为中心"的逻辑主线，是人民根本利益的彰显，体现了中国共产党执行系统中"以人民为中心"这个最高价值坐标，彰显了执政为民的执政理念。只有坚持这个最高价值坐标，协调推进"四个全面"战略布局，实现全体人民的共同富裕，才能彰显社会主义的本质，才能保证人民的主体地位。

第二，将以人民为中心贯穿于中国共产党落实"五位一体"总体布局之中。党的十八大首次明确提出了经济建设、政治建设、文化建设、社会建设、生态文明建设的"五位一

做新时代的实干家

学术圆桌

体"总体布局,成为实现全面建成小康社会、建设社会主义现代化强国的战略安排。中国共产党实施"五位一体"总体布局,不仅充分体现了当代中国整体发展的需要,也满足了人民群众的整体需求。实现人民利益的基本保障,确保各项政策贯彻落实、不断向前推进,努力满足人民群众过上更好生活的需要。

第三,将以人民为中心贯穿于中国共产党践行新发展理念之中。习近平总书记指出:"牢固树立创新、协调、绿色、开放、共享的发展理念。"中国共产党践行新发展理念需要将人民作为发展的出发点和落脚点,新发展理念蕴含和体现了以人民为中心的逻辑基础。"以人民为中心"全方位贯穿于中国共产党践行新发展理念之中,为中国共产党锻造强大执行力提供了科学遵循和实践指南。

第四,将以人民为中心贯穿于中国共产党推进"四个伟大"过程中。习近平总书记指出:"在新的时代条件下,我们要进行伟大斗争、建设伟大工程、推进伟大事业、实现伟大梦想。"中国共产党在推进"四个伟大"过程中,必须要善于运用以人民为中心这一马克思主义的根本方法论。中国共产党必须围绕满足人民日益增长的美好生活需要来统筹协调"四个伟大"战略决策,并协调好"四个伟大"之间的关系,

| 学术圆桌 |

以此不断从广大人民群众中汲取力量,确保中国共产党执行力不断提升。

组织力量:党的组织体系整体合力

切实加强党的组织体系建设,全面提升党的组织整体合力,是巩固中国共产党执行力的现实诉求,也是确保中国共产党提升执行力的关键路径。党的力量源于组织,高度严密的组织体系能使党的执行力倍增。中国共产党以自己纵横交织、严密完善的组织体系,将政府、社会、市场等领域有效联结并整合一体,形成了一套"横向到边,纵向到底"的执行网络。习近平总书记着眼于加强党的组织体系建设,强调通过党的组织体系组织党员、凝聚人才、动员群众,不断提升中国共产党执行力。

1. 维护党中央权威

在一定意义上看,确保政党强大执行力要保障党的集中统一领导,实现集中统一领导必须维护党中央权威,维护党中央权威必须维护领袖的权威,这是一个层层递进的逻辑推理过程。党中央是大脑和中枢,必须有一锤定音的权威,这样才能"如身使臂,如臂使指,叱咤变化,无有留难,则天

做新时代的实干家

> **学术圆桌**
>
> 下之势一矣"。
>
> 中国特色社会主义事业进入新时代,习近平总书记指出:"自觉同党中央保持高度一致是关键。我们党是高度集中统一的马克思主义政党,思想上的统一、政治上的团结、行动上的一致是党的事业不断发展壮大的根本所在。""维护中央权威,贯彻落实党的理论和路线方针政策,是政治纪律,是绝对不能违反的。"中国共产党执行系统的一大优势就是坚决维护党中央权威和集中统一领导。坚决维护党中央权威和集中统一领导,最关键的是坚决维护习近平同志党中央的核心、全党的核心地位。始终在思想上政治上行动上同党中央保持高度一致,防范和化解各种风险,确保党中央的总体政策和决策安排得到落实。
>
> 2. 提高党的地方组织的执行力
>
> 中国共产党提升执行力,既要强调维护党中央的权威,又要强调充分发挥地方党组织的积极性。中国共产党锻造强大执行力是一个系统工程,涉及健全制度、宣传培训、执行操作等一系列工作。习近平总书记从党的地方组织是党的执行体系的重要组成部分这一角度出发,指出"党的地方组织的根本任务是确保党中央决策部署贯彻落实,有令即行、有

> 学术圆桌

禁即止"。全国任务要分解到党的地方组织来贯彻执行。任务在地方的完成情况直接影响到国家任务的完成质量。由此，党的地方组织的执行力决定着中国共产党的执行力。

第一，将"注重政策的统筹性"贯穿到提升党的地方组织执行力过程之中。"不折不扣贯彻执行党中央制定的大政方针"，"发扬钉钉子精神，不断提高执行力"。党的地方组织在制定政策之前，不仅要认真学习中央政策，深刻领会中央精神，还要深入基层，了解实际问题，加强上级政策与基层措施的协调，关注政策目标是否符合上级要求，政策手段是否合法合规，工作措施是否合理，努力从源头上保证政策的落实。

第二，将"提高执行的能动性"贯穿到提升党的地方组织执行力过程之中。在执行各项政策规划过程中，"要把抓落实摆在突出位置"，"坚决克服'规划规划、墙上挂挂'，'规划是一套、做起来是另一套'的现象"。习近平总书记指出"决不允许有令不行、有禁不止，决不允许在贯彻执行党中央决策部署上打折扣、做选择、搞变通"。"把干部群众思想和行动统一到党中央决策部署上来"，着力提升执行力，确保中央各项决策部署准确及时落实到位。针对经济工作任务，习近平总书记特别要求各级党组织，要提高贯彻落实党中央

> 学术圆桌

决策部署的自觉性和主动性,"各地区各部门要真正把思想认识统一到党中央对经济形势的科学判断上来,提高贯彻落实党中央决策部署的自觉性和主动性,真抓实干,敢于担当,发扬钉钉子精神,把各项工作落到实处"。党的地方组织要落实主体责任,把执政为民落实到各项工作中,把决策变成实际行动,把责任放在心上,把工作抓在手上,敢于正视矛盾和问题,积极探索解决办法,不断开创各项工作的新局面。

3. 提升党的基层组织的战斗力

党的基层组织是党在社会基层组织中的战斗堡垒,是完成党的整体工作的基础。基层党组织战斗在实践的第一线,各项工作都具有实践性和可视性。人民群众更是通过党的基层组织的实际表现来评判中国共产党的执行力。党的基层组织作为党的决策实施者,必须以实际行动和效果证明党的决策的正确性和合理性,确保党的决策的有效实施。党的基层组织要坚决把党的要求落实到位,这是党的基层组织力的重要体现。如果党的基层组织软弱涣散,执行力不到位,不仅意味着党的执行力的弱化,而且会影响到党的执政基石的牢固性。只有每一个基层党组织都充满执行力,层层落实责任,逐级传递压力,强化保障措施,才能使党的基层组织成为坚

> 学术圆桌

强的战斗堡垒。

习近平总书记在党的十九大报告中提出,"党的基层组织是确保党的路线方针政策和决策部署贯彻落实的基础",并提出将基层党组织建设成为坚强战斗堡垒。党的基层组织是党的肌体的"神经末梢",要坚决贯彻党的路线方针政策,巩固中国共产党的强大执行力。只有确保党的基层组织承担起代言人的角色,将党的工作重心放在基层,才能凝聚发展力量,始终保持中国共产党强大的执行力。加强基层党组织贯彻党的决定的执行力,增强组织工作绩效的"深度"。

主体力量:党的干部队伍建设的着力点

党的路线、方针、政策归根到底都要由个体来贯彻执行,广大党员干部是中国共产党提升执行力的关键主体。习近平总书记向来重视广大党员干部这个执行主体的关键力量,并从主体带动、思想引领、作风、纪律、监督问责等多方面展开论述,来确保中国共产党执行力不断提升。

1. 主体带动:抓住"关键少数"

领导干部这个"关键少数"是中国共产党执行力系统中最具能动作用的,在其中发挥着带头作用。"关键少数"带

学术圆桌

头执行是工作落实的关键因素。习近平总书记多次指出"关键少数"在党的执行力系统中的重要性,并强调要教育督促领导干部以示范带动,产生"头雁效应"。狠抓执行要抓住领导干部这一"关键少数"。针对个别存在的"台上一套、背后一套"的"两面人"现象,习近平总书记尖锐地指出,"上面没有先做到,要求下边就没有说服力和号召力"。提升中国共产党的执行力不仅要靠领导主动抓,更要靠领导带头做。

第一,在执行党内法规制度方面,领导干部发挥带头作用。习近平总书记指出领导干部要带头做到"凡是党章规定党员必须做到的,领导干部要首先做到;凡是党章规定党员不能做的,领导干部要带头不做","要抓好党内法规制度的落实,发挥领导干部带头示范作用","准则稿、条例稿都强调以高级干部为重点,……把这部分人抓好了,能够在全党作出表率,很多事情就好办了"。

第二,在带头尊法学法守法用法方面,抓"关键少数"。习近平总书记指出:"要抓好领导干部这个'关键少数',各级特别是领导干部要带头尊法学法守法用法,做到心有所畏、言有所戒、行有所止,按规则正确用权、谨慎用权、干净用权。"

第三,在增强政策执行力方面,领导干部发挥"头雁效

> 学术圆桌

应"。在增强政策执行力过程中,领导干部发挥的作用是关键性的,一方面在于领导干部往往对各部门决策制定负责,另一方面在于领导干部的执行行为往往具有引领和导向作用。习近平总书记曾引用"善禁者,先禁其身而后人",来要求领导干部"以身作则、率先垂范,说到的就要做到,承诺的就要兑现"。

第四,在政策执行过程方面,领导干部要带头执行。习近平总书记指出"领导干部特别是一把手要亲自抓、亲自管,确保贯彻落实不走偏、不走样",各级领导干部要制定切实可行的战略,鼓励实干,做实事,不求名利,坚决反对群众反映强烈的"四风"问题,以身作则,把各项工作落到实处,贯彻落实到每一项工作和每一个环节。

2. 思想引领:以强化意识确保执行有力

广大党员干部是党的路线方针政策的具体执行者。任何时候,都要建设好党的干部队伍,这是确保中国共产党不断提高执行力的基本经验。在贯彻党的路线、方针、政策的过程中,即使党员干部作为先进分子,也不可避免地存在着思想和行动上的种种问题。要确保中国共产党强大的执行力,首先要解决党员干部的思想问题,深入细致地进行说服教育。

学术圆桌

正是因为我们党始终坚持思想建设，才能始终保持强大的执行力，在中国革命、建设和改革中发挥领导核心作用。

习近平总书记特别重视广大党员干部的理想信念、党性修养、政治立场等方面，并以此来确保中国共产党保持强大执行力。他要求"每一个共产党员特别是领导干部都要牢固树立党章意识"，强调通过对广大党员干部加强党内教育来提高广大党员干部的执行力。要强化法规制度意识，"在全党开展法规制度宣传教育，引导广大党员、干部牢固树立法治意识、制度意识、纪律意识"，做到"遵守法规制度没有特权、执行法规制度没有例外"。

3.本领提升：增强狠抓落实本领

习近平总书记特别强调提升广大党员干部的狠抓落实本领来确保中国共产党保持强大执行力。他在党的十九大报告中指出："领导十三亿多人的社会主义大国，我们党既要政治过硬，也要本领高强。"在强调要增强的八项本领中，重点提到要增强狠抓落实本领，"以钉钉子精神做实做细做好各项工作"。这是习近平总书记站在新时代中国共产党锻造强大执行力角度，对广大党员干部提出的具体要求。

第一，要求广大党员干部在贯彻落实党的各项方针政策

> 学术圆桌

和党中央决策部署上提升狠抓落实本领。习近平总书记要求广大党员干部"切实把党中央决策部署的各项任务一项一项抓好",并多次提到"一分部署,九分落实",关键是把蓝图变为现实,"要结合贯彻落实党的十九大精神真正动起来、深下去,切实把存在的矛盾和问题搞清搞透,把各项工作做实做好"。

第二,要求广大党员干部在改革过程中提升狠抓落实本领,并以自我革命的精神坚定抓好改革落实,"要以深化改革开放为动力源泉","从实际出发、从具体问题入手,见物见人,什么问题突出就着重解决什么问题,使改革落地生根";加强组织领导,确保各项改革措施细化、落实、稳定。

第三,要求广大党员干部长期抓紧抓实各项工作,尤其注重抓实际工作中的主要矛盾和关键部分,"一方面要完善政策,增强政策含金量和可操作性;另一方面要加大政策落地力度,确保各项政策百分之百落到实处",尤其是在贯彻新发展理念上"要以新发展理念为统领","把发展理念落到实处"。此外,"在兑现承诺、解决问题上一抓到底,在专项整治、正风肃纪上一抓到底,在完善制度体系、严格制度执行上一抓到底,善始善终、善作善成,让人民满意正由殷殷期盼变为现实图景"。

> 学术圆桌

在此基础上，习近平总书记还为广大党员干部指明了工作中狠抓落实的基本方式方法。一是应从细微、点滴抓落实；二是抓常抓长，久久为功，稳扎稳打，一张蓝图绘到底；三是抓准抓实，始终坚持问题导向，直面风险，把解决问题作为检验成效的试金石；四是要善于创新，敢于斗争，尤其是在履职尽责过程中要勇于担当作为。

4. 作风保障：规避执行障碍因素

作风建设是中国共产党提升执行力的基础，好的作风可以避免阻碍执行力的障碍因素，从而确保中国共产党高效执行不同时期的重要任务。相反，不良作风会阻碍中国共产党保持强大的执行力。因此，纠正形式主义和官僚主义是保证中国共产党提高执行力的根本途径。基于此，习近平总书记始终高度重视对形式主义和官僚主义的整顿，并倡导大兴求真务实之风，来确保各项工作的落地生根。

第一，从深刻认识形式主义、官僚主义对中国共产党执行力的危害角度出发，提出整治形式主义、官僚主义，并要求广大党员干部要带头发扬劳模精神。党的十八大以来，党中央在整治形式主义、官僚主义方面采取了很多针对性措施。例如，"中央八项规定"和党的群众路线教育实践活动等，

> 学术圆桌

坚决解决"四风"问题,要求广大党员干部以身作则落实各项工作。

第二,针对少数干部执行过程中存在的不良作风,要求广大党员干部涵养好的作风来确保中国共产党保持强大执行力。然而,有少数党员干部在工作中缺乏执行力。比如,做工作浮在表面,只涉及皮毛,回避关键问题,不能掌握实情,不敢直接面对现实问题。针对此,习近平总书记要求广大党员干部保持"踏石留印、抓铁有痕"的工作劲头抓落实。从让"中央八项规定"起到"徙木立信"作用的表态中,体现出中国共产党能"令政必行"与"令下如山"的执行力。在十八届中央纪委二次全会上,习近平总书记再次提出:"要以踏石留印、抓铁有痕的劲头抓下去,善始善终、善做善成",这体现出习近平总书记对党员干部做事一抓到底的执行力要求。

第三,大兴求真务实之风,确保各项工作的落地生根。习近平总书记要求广大党员干部在工作中体现求真务实的作风,这也是不断提升中国共产党执行力的基本保障。求真务实是广大党员干部确保强大执行力的重要工作作风。"唯有秉持求真务实精神,才能探究更多未知,才能获得更多真理,也才能为社会作出更大贡献。"党员干部要在对各项政策执

> 学术圆桌

行中"敢于直面矛盾,敢于较真碰硬,为做好党和国家工作深思深察、尽责尽力、善作善成"。习近平总书记要求广大党员干部,"做事不能应付,做人不能对付,而是要把讲认真贯彻到一切工作中去",要从脑海中剔除得过且过的心态,并告诫广大党员干部"唯有秉持求真务实精神,才能为社会作出更大贡献"。

制度基础:释放党内法规制度效能

加强党内法规制度建设,确保党内法规制度的实际效能得到不断释放,才能为中国共产党锻造强大执行力提供坚实的制度保障。2017年6月,中共中央印发《关于加强党内法规制度建设的意见》,指出要"提高党内法规制度执行力",到建党100周年时形成"高效的党内法规制度实施体系"。与此相应,党内法规制度执行力不仅是中国共产党执行力的重要方面,也为中国共产党锻造强大执行力提供了基础保障。

1. 强化党内法规制度建设

党内法规起着规范行为、凝聚共识、增强党的凝聚力战斗力的重要作用。中国共产党执行力系统离不开良好的制度

> 学术圆桌

环境保障。习近平总书记提出通过释放高效的党内法规制度效能，从而不断提升中国共产党执行力。

第一，从完善党内法规制度体系角度来确保中国共产党锻造强大执行力。习近平总书记提出"要突出工作重点，坚持目标导向和问题导向相统一，抓紧建立和完善主干性、支撑性党内法规制度，健全相关配套法规制度，统筹推进立改废释工作，加快形成内容科学、程序严密、配套完备、运行有效的党内法规制度体系"。

第二，从提高党内法规制度质量角度来确保中国共产党锻造强大执行力。习近平总书记提出"制度不在多，而在于精，在于务实管用，突出针对性和指导性。如果空洞乏力，起不到应有的作用，再多的制度也会流于形式"，"要以改革创新精神推进党内法规制度建设，在解决突出问题、补齐法规制度短板上下功夫，提高党内法规制度质量"。

第三，从搞好配套衔接角度来确保中国共产党锻造强大执行力。习近平总书记提出，"牛栏关猫是不行的！要搞好配套衔接，做到彼此呼应，增强整体功能"，"要完善党内法规制定体制机制，注重党内法规同国家法律的衔接和协调"。党的十八届四中全会将"完善的党内法规体系"纳入中国特色社会主义法治体系之中，并明确提出要"注重党内法规同

> **学术圆桌**

国家法律的衔接和协调"，这无疑极大地为中国共产党锻造强大执行力提供了良好的制度基础。习近平总书记多次指出，制度规范在执行中如果缺乏衔接和协调，便不能形成系统化链条，会导致制度执行效应大打折扣。因此，形成全方位衔接、联动、匹配的系统化程序化的制度执行过程，是提高中国共产党执行力的基础。

2. 强化党内法规制度执行力

党内法规制度执行力，是确保党的团结统一、确保中国共产党锻造强大执行力的重要保障。习近平总书记向来注重提升法规制度执行力来锻造中国共产党执行力。

第一，强调党内法规制度执行的重要性。习近平总书记指出好的制度不去落实，"就会成为'稻草人'、'纸老虎'，不仅不能产生应有作用，反而会损害法规制度的公信力"。一个人要"言必行"，一个国家要"政必行"，关键在锻造强大执行力。为什么党内法规制度被当成"稻草人"？习近平总书记指出就是因为执行得不好。"制度的生命力在于执行……必须强化制度执行力"，"着力增强法规制度执行力，狠抓条令条例和规章制度落实，坚决杜绝有法不依、执法不严、违法不究的现象"，处理好规章制度的建立与实施效果

学术圆桌

的关系，更加凸显制度执行的重要性。党的十八大以来，"制度'笼子'扎得更紧，制度执行力和纪律约束力明显增强"，基于此，习近平总书记指出，还要继续"强化制度执行力，加强对制度执行的监督，……确保制度时时生威、处处有效"。

第二，通过强化制度刚性作用来增强执行力。习近平总书记指出，"如果党的政治纪律成了摆设，就会形成'破窗效应'"，因此"要以严格的执纪执法增强制度刚性"。针对个别人对制度缺乏敬畏、钻制度空子、逃避制度的监管等情况，习近平总书记提出："各级要强化执行力，维护法规制度权威性，让铁规生威、铁纪发力"，"让制度、纪律成为带电的'高压线'，使查处违纪违法问题制度化、经常化，使党员、干部心有所畏、言有所戒、行有所止"。那么，如何确保制度硬约束以确保执行力呢？习近平总书记指出要在已有成效的基础上，侧重于在抓常、抓细、抓长上下功夫，形成严格的执行机制。从长远来看，制度的执行机制也会害怕时间的侵蚀。如果执行机制得不到根本解决，制度的规定和权威将逐渐被忽视。制度不是一阵风，而是一种习惯和一种风气，这是影响中国共产党保持强大执行力的根本和长远的事情。

学术圆桌

3. 强化制度执行监督问责

执行是由具体的执行主体所实施的动态过程。虽然当前作为先进分子的大多数党员干部都能够自觉执行,但是"信任不能代替监督"。基于此,习近平总书记一贯注重从监督角度强化制度执行。

第一,重视对制度执行监督的重要性。习近平总书记提出"必须强化制度执行力,加强对制度执行的监督",一项项抓落实,以多种形式督促检查,分解任务,落实责任。"要抓好巡视整改和成果运用,压实整改责任,强化日常监督","要强化制度执行,加强监督检查,确保出台一个就执行落实好一个"。加强执行力度,让铁规发力,让禁令发力,确保各项法律法规扎根。要加强监督检查,落实监督制度,用监督传递压力,用压力推动落实。

第二,强调构建制度执行监督机制。如果缺乏有效的监督机制,在实施过程中受到干扰因素的影响,工作就会偏离原来的轨道。习近平总书记多次提出构建制度执行监督机制:"把制度执行和监督贯穿区域治理、部门治理、行业治理、基层治理、单位治理的全过程","要完善全覆盖的制度执行监督机制";"增强纪律约束力和制度执行力。要完善全覆盖的制度执行监督机制,强化日常督察和专项检查"。

第三,健全问责机制来倒推执行力提升。习近平总书记指出,"要以有效问责强化制度执行","要健全问责机制,坚持有责必问、问责必严,把监督检查、目标考核、责任追究有机结合起来,形成法规制度执行强大推动力"。可以说,高效的政策执行离不开明确的责任目标。为此,中国共产党锻造强大执行力,要定期跟踪检查目标,对达不到目标的情况要严格问责。与此同时,激励、奖惩措施对确保执行力来说是必要的。基于此,习近平总书记一贯重视健全责任机制。党的十八大以来,各级党建责任制已经建立,党委、书记、各有关部门层层抓落实的党建工作格局基本形成。接下来,"严肃追究主体责任、监督责任、领导责任,让法规制度的力量在反腐倡廉建设中得到充分释放"。

环境保障:优化党内政治生态

对于中国共产党执行力系统来说,执行环境可以分为外部环境和内部环境。前者主要包括经济、文化和社会环境,后者主要是指党内政治生态。在这些环境中,系统的外部环境是相对客观的环境。中国共产党需要保持对客观环境的高度敏感和积极适应,同时可以引导和塑造系统可控的内部环境，形成有利于提高执行力的环境氛围。

1. 现实考量：优化政治生态是提升执行力的根本保障

进入现代社会后，由于现代政治生活的复杂性，政党的执行力是必不可少的。从某种意义上说，政党的执行力不是自发的。在其形成过程中，所形成的特定的政治生态、政治氛围和政治导向，将对党的执政能力的形成和基本取向产生潜移默化的影响。正是如此，一个成熟的政党往往把优良的政治生态作为提升执政能力的重要战略资源。基于此，净化党内政治生态是中国共产党执行力的题中应有之义，"是我们党实现自我净化、自我完善、自我革新、自我提高的重要途径"。

在一定意义上说，一个稳定、逐渐成形的政治生态自始至终就是与中国共产党执行力提升同步进行的。在推进伟大事业过程中，中国共产党锻造强大执行力需要破除党内一系列问题，以团结统一为基础。可以说，风清气正的党内政治生态正是可以提供这样保障的环境基础。

第一，从推进伟大事业角度来谈优化政治生态的重要性，以此作为提升中国共产党执行力的保障。中国特色社会主义伟大事业的实现，需要强大的执行力来进行艰苦卓绝的斗争，

> 学术圆桌

这个过程就需要中国共产党人与破坏政治生态的现象做斗争。习近平总书记多次重申"我们将继续清除一切侵蚀党的健康肌体的病毒，大力营造风清气正的政治生态，以全党的强大正能量在全社会凝聚起推动中国发展进步的磅礴力量"。应该说，这是习近平总书记对中国特色社会主义事业发展所需强大执行力条件的深层次审视。

第二，从党的团结统一角度来谈优化政治生态的作用，以此作为提升中国共产党执行力的保障。"健康洁净的党内政治生态，是党的优良作风的生成土壤，是党的旺盛生机的动力源泉，是保持党的先进性纯洁性、提高党的创造力凝聚力战斗力的重要条件，"这是习近平总书记基于现实来考量。他反复告诫全党："一个地方要实现政通人和、安定有序，必须有良好政治生态。"政治生态不良会滋生一系列问题，可以说，净化党内政治生态，不仅关乎党的团结统一，更关乎中国共产党执行力。

2. 关键环节：弘扬积极健康的党内政治文化来锻造强大执行力

党内政治文化是政治生态的核心要素和关键变量。充满正能量的党内政治文化，可以涵养健康洁净的党内政治生态，

> **学术圆桌**

为中国共产党不断提高执行力提供环境保护。

第一,以党内政治文化为抓手,推进党内政治生态建设,确保中国共产党不断提升执行力,就要坚持破立结合,在党内政治文化上正本清源。对于中国共产党来说,党内政治文化本质上是一种为人民服务的政治组织文化。一是以马克思主义为指导的党内政治文化,给中国共产党锻造强大执行力提供了优秀基因。二是继承和发扬了中华优秀传统文化的精神和风尚。只有汲取历史养分,党内政治文化建设才能为中国共产党执行力系统锻造强大的精神力量。三是党内政治文化以革命文化为源头。比如,红船精神、井冈山精神、长征精神等,贯穿中国共产党锻造执行力系统,这些是确保中国共产党在特定时期内锻造强大执行力的基本保证。四是以社会主义先进文化为主体,在中国共产党执行力系统中贯穿艰苦奋斗、自强不息、改革创新的时代精神等,这些彰显了中国共产党提高执行力的时代要求。

第二,发展积极健康的党内政治文化,以破除阻碍中国共产党执行力的障碍因素。"一切问题,由文化问题产生。一切问题,由文化问题解决。"从这个意义上说,提高中国共产党执行力必须有相应的文化根基和精神维系,这就必须要不断净化自身的政治生态,优化自身的执政环境,为中国

> 学术圆桌

共产党执行力系统提供良性循环空间,进而为一切工作的开展提供优良的环境保证。

习近平总书记多次提出通过涵养好的党内政治文化来提升中国共产党在各方面的执行力,"注重以良好的党内政治文化提升法规制度的执行力影响力","保证全党集中统一、令行禁止。要贯彻落实新形势下党内政治生活若干准则,发展积极健康的党内政治文化";"注重加强党内政治文化建设,倡导和弘扬忠诚老实、光明坦荡、公道正派、实事求是、艰苦奋斗、清正廉洁等价值观",等等。这就要求党要与时俱进优化执政环境,弘扬积极健康的党内政治文化,并在此基础上,为中国共产党执行力系统营造良好的生态环境。只有这样,才能永葆党的活力,有效提高中国共产党的执行力。

《毛泽东思想研究》(2021 年第 02 期)

学术圆桌

年轻干部要在干事创业中成长成才

吴 庆

《中共中央关于党的百年奋斗重大成就和历史经验的决议》明确指出:"党和人民事业发展需要一代代中国共产党人接续奋斗,必须抓好后继有人这个根本大计。"不断培养适应党的事业发展的优秀年轻干部是其关键任务。《决议》明确指出:"要源源不断培养选拔德才兼备、忠诚干净担当的高素质专业化干部特别是优秀年轻干部,教育引导广大党员、干部自觉做习近平新时代中国特色社会主义思想的坚定信仰者和忠实实践者,牢记空谈误国、实干兴邦的道理,树立不负人民的家国情怀、追求崇高的思想境界、增强过硬的担当本领。"这是党的百年奋斗重要历史经验的总结,可以看出重视年轻干部培养既是党的事业继往开来的要求,也是自然规律的体现。党的二十大报告再次强调:"抓好后继有人这个根本大计,健全培养选拔优秀年轻干部常态化工作机制"。党的十八大以来,习近平总书记高度关注年轻干部成长问题,在中央党校(国家行政学院)中青年干部培训班开班式上发

> 学术圆桌

表了六次重要讲话。在 2013 年全国组织工作会议和 2018 年全国组织工作会议上，习近平总书记都特别强调了做好年轻干部工作问题，体现了我们党对年轻干部培养选拔的鲜明价值导向。

新时代的年轻干部特别是 80 后、90 后的年轻干部成长于国家经济社会快速发展的历史时期，有着特殊的生活环境，面临着特殊的困难，有其明显的代际特点，也有自身存在的突出问题。要应对年轻干部成长的这些问题，需要不断增强年轻干部推动中华民族伟大复兴的精神力量，在培养年轻干部的过程中，要以提升志气、骨气、底气为方向，勇于直面问题，推动年轻干部想干事、能干事、干成事，不断解决问题、破解难题。

年轻干部要有志气、想干事

青年志存高远，就能激发奋进潜力，青春岁月就不会像无舵之舟漂泊不定。正所谓"立志而圣则圣矣，立志而贤则贤矣"。新时代年轻干部要牢记党的初心使命，弘扬爱国情怀，做更有志气的人，为民族复兴激发青春理想。年轻干部应该成为理想家和情怀人，要想干事，干满载报国情怀之事。

| 学术圆桌

以矢志信仰克服前行彷徨

"年轻"既是年轻干部的优势,也是劣势,年轻易彷徨,难坚定。年轻干部处于事业发展、人生抉择的关键时期,也是人生的价值观过渡阶段和选择的关键时期,面对类似工作待遇和工作投入、工作压力和家庭生活、干部职数和激励待遇等矛盾,要保持持续的正能量和不断奋斗的状态,唯有坚定理想信念方能走出矛盾的误区。理想信念是立党兴党之基,也是党员干部安身立命之本。马克思主义信仰、共产主义远大理想、中国特色社会主义共同理想,都是年轻干部发展的精神支柱和政治灵魂,也是年轻干部面对不同利益矛盾推动团结统一的基础,是年轻干部接班的根本所在。只有以此为基础才能牢固树立正确的世界观、人生观、价值观和权力观、政绩观、事业观,使自己的思维方式和精神世界更好地适应事业发展需要。信念坚定才能走得稳走得远。对于坚定理想信念这个终身课题,年轻干部要修炼一生,信守一生。坚定理想信念不是一阵子而是一辈子的事,年轻干部要铸牢对党忠诚的政治品格,高扬理想主义的精神气质,心境澄明,心力茁壮,让人迎面就能感受到年轻干部应有的清澈和纯粹。要常修常炼、常悟常进,无论顺境逆境都坚贞不渝,经得起大浪淘沙的考验。

> 学术圆桌

以理论武装克服迷糊思想

年轻干部思想敏锐,处在人生的价值观走向稳定的过渡期,唯有理论清醒才能行动坚定,在不稳定中更好地走出迷糊思想的误区。马克思主义立场、观点、方法是做好工作的看家本领,是指导年轻干部认识世界、改造世界的强大思想武器。年轻干部要不断加强思想淬炼,努力学习党的理论特别是习近平新时代中国特色社会主义思想,学习党的革命历史和优良传统,弥补缺乏系统的马克思主义理论学习和严格的党内政治生活锻炼的不足。要注重刻苦钻研马克思主义基本原理特别是新时代党的创新理论成果,努力掌握蕴含其中的立场观点方法、道理学理哲理,做到知其言更知其义、知其然更知其所以然,运用党的科学理论优化思想方法,解决思想困惑,检视自身思想作风和精神状态,及时纠偏。

以为民情怀克服形式主义官僚主义

党的十八大以来,我们持续深化纠治形式主义、官僚主义,这需要年轻人的先锋力量。部分年轻干部工作压力大、工作任务重,导致在工作中容易见事而不见人,也容易面对权力"自我陶醉"。年轻干部要深刻认识到共产党人的初心使命和推动事业发展的根本力量。同人民风雨同舟、血脉相

> 学术圆桌

通、生死与共,是我们党战胜一切困难和风险的根本保证。年轻干部要把人民放在心中最高位置,始终以百姓心为心,要坚持当"老百姓的官",当老百姓的朋友,把自己也当成老百姓,不要"当官做老爷"。要自觉践行群众路线、树牢群众观点,同广大群众打成一片,多为群众计、少为自己谋。在这一点上,年轻干部在实践中要解决好"我是谁、为了谁、依靠谁"的问题,用人民的需要满足和获得感、幸福感、安全感来评价自己的工作成效,要有强烈的爱民、忧民、为民、惠民之心,在服务群众"急难愁盼"问题上用心用情用力。

以对党忠诚克服自由散漫

年轻干部由于年纪轻,有时候会对自己要求不紧,对有些标准不太在乎、尺度偏宽松。如何克服这个问题?最重要的是对党忠诚。要推动知行合一,将信念落地而不是空谈信念,落实到和党中央对标的具体行动中。对党忠诚就是在思想上、行动上同党中央保持高度一致,坚定不移听党话、跟党走,凡是有利于坚持党的领导和我国社会主义制度的事就坚定不移做,凡是不利于坚持党的领导和我国社会主义制度的事就坚决不做。对党忠诚,必须一心一意、一以贯之,必须表里如一、知行合一,任何时候任何情况下都不改其心、

> 学术圆桌

不移其志、不毁其节,严守党的政治纪律和政治规矩,始终在政治立场、政治方向、政治原则、政治道路上同党中央保持高度一致。事业成就在于己,位置安排要服从组织。年轻干部要坚持以党性立身做事,要把当老实人、讲老实话、做老实事作为人生信条,敢于坚持真理,善于独立思考,坚持求真务实。

以严守规矩克服行为走偏

年轻干部参加工作的时间较短,经过的事情较少,在发展中、在各种利益面前多有彷徨犹豫。如何避免行为走偏、坚持正确的发展方向,唯有保持底线,用坚定理想信念练就金刚不坏之身。清正廉洁源自敬畏,心有所畏,方能言有所戒、行有所止。年轻干部一定要知敬畏、存戒惧、守底线,敬畏党、敬畏人民、敬畏法纪。严以修身,才能严以律己。年轻干部要严守纪法规矩,扣好廉洁从政的"第一粒扣子",必须牢记清廉是福、贪欲是祸的道理,经常对照党的理论和路线方针政策、对照党章党规党纪、对照初心使命,勤掸"思想尘"、多思"贪欲害"、常破"心中贼",以内无妄思保证外无妄动。要守住政治关、权力关、交往关、生活关、亲情关,真正做到能打铁、自身硬。

> 学术圆桌

年轻干部要有骨气、能干事

时代呼唤担当，民族复兴是青年的责任，奋斗是青春最亮丽的底色。年轻干部要有骨气，要勇做走在时代前列的奋进者、开拓者、奉献者，毫不畏惧面对一切艰难险阻，在劈波斩浪中开拓前进，在披荆斩棘中开辟天地，在攻坚克难中创造业绩，用青春和汗水创造出让世界刮目相看的新奇迹。要敢于担当，为民族复兴激发青春力量。年轻干部应该成为奋斗者和担当者，要能干事、干洋溢奋斗精神之事。

以挺身而出克服保守心态

年轻干部要防止因"躲"干不了事，就要勇于担当，落在干事。要善于作为，年轻干部不能受"多干多错、少干少错、不干不错""高层当事业、省市当职业、县区当副业"等错误思想的影响，要进一步激励自己拥抱新时代、肩扛新担当、展现新作为。要敢于担苦、担难、担重、担险，不断锤炼意志力、坚忍力、自制力，做一个一心为公、一身正气、一尘不染的人。要发扬历史主动精神，在机遇面前主动出击，不犹豫、不观望；在困难面前迎难而上，不推诿、不逃避；在风险面前积极应对，不畏缩、不躲闪。凡是有利于党和人民的事，我们就要事不避难、义不逃责，大胆地干、坚决地

> **学术圆桌**

干。要保持初生牛犊不怕虎、越是艰险越向前的刚健勇毅,勇立时代潮头,争做时代先锋。

以勇于"墩苗"克服务虚浮漂

年轻干部要防止因"虚"干不了事,就要敢于到基层去自觉历练,把到基层和艰苦地区锻炼成长作为年轻干部成长的重要途径。不愿去基层是年轻干部最大的成长误区,一些年轻干部容易犯"大事做不来小事又不愿做"的毛病,最后变成"客里空"。人在事上练,刀在石上磨,要强化实践磨炼,把火热的实践作为最好的课堂,经风雨、见世面、壮筋骨、长才干,要做起而行之的行动者、不做坐而论道的清谈客,要当攻坚克难的奋斗者、不当怕见风雨的泥菩萨,在摸爬滚打中增长才干,在层层历练中积累经验,要到西部去、到基层去、到祖国最需要的地方去,解决在基层和艰苦地方磨炼不够、担当底气还不足的问题。年轻干部在基层岗位上经历一些难事、急事、大事、复杂的事,才能够更加深刻地感受到国情、社情、民情,才能够更好地接地气。

以敢于斗争克服圆滑世故

年轻干部要防止因"滑"干不了事,就要敢于斗争,善

学术圆桌

于斗争。一些年轻干部对处理好与领导关系的尺度有着各种彷徨，这本身就是缺乏原则的表现。抱着好人主义的思想，不敢批评、不愿批评，不敢负责、不愿负责，这种不求无功、但求无过的"圆滑官""老好人""推拉门""墙头草"多了，党和人民的事业就无法发展。年轻干部要充分认识到"好好先生"并不能推动社会进步，好人主义没有公心、只有私心，没有正气、只有俗气，好的是自己，坏的是风气、是事业。无论是大是大非还是小事小节都要秉公办事、铁面无私，讲原则不讲面子、讲党性不徇私情。只有这样的干净纯粹，党的事业才能够得到更大的推动。特别是面对新的复杂国际形势，更需要年轻干部有"狭路相逢勇者胜"的气概，敢于斗争、善于斗争，只有这样才能赢得尊严、赢得主动，切实维护国家主权、安全、发展利益。

以艰苦奋斗克服骄娇奢靡

年轻干部要防止因"奢"干不了事，就要永远奋斗，勤俭节约。有些年轻干部认为现在条件好了，能花就花，用不着勤俭节约了，这是一种错误的思想。一方面，全国还有许多刚刚脱离贫困线的人群，另一方面，从中华传统文化看，勤俭节约从来都是我们这个民族生生不息发展壮大的宝贵精

> **学术圆桌**

神财富。节俭朴素,力戒奢靡,是我们党的传家宝,保持艰苦奋斗正是共产党员的格局和精神追求。年轻干部要接过艰苦奋斗的接力棒,摒弃骄娇二气,坚持以俭修身、以俭兴业,坚持厉行节约、勤俭办一切事情,以一往无前的奋斗姿态和永不懈怠的精神状态,勇挑重担、苦干实干,在新时代新征程中留下许党报国的奋斗足迹。

年轻干部要有底气、干成事

"青春虚度无所成,白首衔悲亦何及。"青年时期是苦练本领、增长才干的黄金时期。品德是为人之本,止于至善,是中华民族始终不变的人格追求。年轻干部要勤于学习上进,不断砥砺品德,厚实才德根基。要做有底气有本领的年轻干部,为民族复兴激发青春活力,要勤于学习善于学习,要干成事、干充满创造活力之事。

以创新学习克服工学矛盾

年轻干部日常业务工作繁杂居多,绝大多数时间需要处理业务工作,没有很多时间进行学习提升。然而社会发展快、知识更新快,稍有不慎就可能跟不上时代的步伐,如果知识不够、眼界不宽、能力不强,就会影响工作,因此年轻干部

> **学术圆桌**

要解决学习和工作生活的矛盾。最关键的是要发挥精力充沛、思维活跃、接受能力强的优势,要有挤劲、钻劲、韧劲,将推进工作和研究问题结合起来,树立"蚂蚁啃骨头"的精神。要发扬"挤"和"钻"的精神,多读书、读好书,从书本中汲取智慧和营养。要结合工作需要学习,做到干什么学什么、缺什么补什么。要学习马克思主义理论特别是新时代党的创新理论,学习党史、新中国史、改革开放史、社会主义发展史,学习经济、政治、法律、文化、社会、管理、生态、国际等各方面基础性知识,学习同本职工作相关的新知识新技能,不断完善履职尽责必备的知识体系。要不断加强干部教育培养特别是年轻干部培养,提高年轻干部贯彻新发展理念、构建新发展格局的能力。要不断地学习党史,建立常态化长效化制度机制,真正做到学史明理、学史增信、学史崇德、学史力行。

以深入实践克服眼高手低

很多年轻干部缺乏基层工作的经历,缺乏关键岗位扎实历练,存在"对自己感觉良好,但做群众工作本领、抓工作落实本领不够强"的问题。面对复杂形势和艰巨任务,年轻干部要不断丰富基层工作经验,提高自身能力。要在实践中

> 学术圆桌

全面提高政治能力、调查研究能力、科学决策能力、改革攻坚能力、应急处突能力、群众工作能力、抓落实能力,特别要补齐缺乏关键岗位扎实历练、做群众工作本领不够强等短板。坚持在干中学、学中干是年轻干部成长成才的必由之路。要沉下心来干工作,心无旁骛钻业务,干一行、爱一行、精一行,不断强化自身的专业训练。年轻干部勤政务实要落在实际,一定要走出"干活不多说得多""能说会道占优势"的错误思想。要真抓实干,务实功、出实招、求实效,善作善成,坚决杜绝口号式、表态式、包装式落实的做法。对当务之急,要立说立行、紧抓快办,不能慢慢吞吞、拖拖拉拉;对长期任务,要保持战略定力和耐心,坚持一张蓝图绘到底,滴水穿石,久久为功。要强化精准思维,做到谋划时统揽大局、操作中细致精当,以绣花功夫把工作做扎实、做到位。

以联系群众克服"孤家寡人"

现在年轻干部基本都受过中、高等教育,有一定的书本知识,但涉世未深,磨炼不足,缺乏经验,容易产生"世人皆睡,唯我独醒"的错觉,也会有轻视历史经验、轻视群众观点的倾向,甚至会在群众中孤立。但是,瞧不起历史经验、瞧不起群众,成为"孤家寡人",只能一事无成,因此年轻

学术圆桌

干部要切忌自以为是。切忌自以为是的最好办法是理论联系实际，密切联系群众，虚心向群众学习，向老同志学习。只有这样才能和群众建立好的鱼水关系，树立在群众中好的道德形象，真正能够团结群众一起干事。要深入研究和准确把握新形势下群众工作的特点和规律，改进群众工作方法，提高群众工作水平。要学会在矛盾中理解群众，比如要重视信访，信访是送上门来的群众工作，要通过信访渠道摸清群众愿望和诉求，找到工作差距和不足，举一反三，加以改进，更好为群众服务。要学会网上联系群众，学网、懂网、用网，了解群众所思所愿，收集好想法好建议，积极回应网民关切。

不断强化志气、骨气、底气，推动年轻干部想干事、能干事、干成事是新一代年轻干部跑好强国建设、民族复兴接力棒的关键所在。对于年轻干部来讲，知识的积累、历史的把握、国情的感知、思想的凝练都需要在持续的学习、实践、体验中方能生成固化。这更多的是来源于年轻干部不断的努力，也取决于社会能否为他们成长创造良好的生态环境和发展条件。要进一步发挥党团组织的引领作用，真正凝聚爱国之心，鼓起不懈奋斗之志，产生蓬勃创新之气。在这个进程中，既要重视传统文化对年轻干部的影响，同时也要尊重他们的主体性，发挥他们的积极性。要不断地提升年轻干部把

> **学术圆桌**
>
> 握历史发展趋势、把握人民需要的能力,使年轻干部真正做到有前瞻力,站得高、看得远,成为历史发展中先知先觉者,不断做出经得起时间检验的实绩。
>
> 《国家治理》(2023 年 4 月上)

学术圆桌

切实提高真抓实干做好经济工作的能力和水平

丁开杰

党的十八大以来,围绕领导干部做好经济工作,习近平总书记在多个重要场合反复强调求真务实、真抓实干。2024年3月,习近平总书记在湖南考察时强调:"坚持改革创新求真务实,奋力谱写中国式现代化湖南篇章。"12月份,在2024年中央经济工作会议上,习近平总书记要求各级领导干部"坚持干字当头,增强信心、迎难而上、奋发有为,确保党中央各项决策部署落到实处"。这些重要论述为领导干部树立正确的政绩观,切实提高真抓实干做好经济工作的能力和水平,提供了根本遵循和行动指南。

历史不会辜负实干者

求真务实、真抓实干是共产党人与生俱来的政治品格。从马克思主义形成开始,马克思主义的实践观就为领导干部真抓实干提供了哲学依据。辩证唯物主义认为,实践是认

> 学术圆桌

识的来源和动力，也是认识的目的和归宿，而认识对实践具有反作用，正确的认识指导实践取得成功，错误的认识则会将实践引向歧途。全部社会生活在本质上是实践的。相对于马克思之前的哲学家的"解释世界"的观点，马克思将自己所建立的新哲学的功能定位于"改造世界"。他指出，"哲学家们只是用不同的方式解释世界，问题在于改变世界。""一步实际行动比一打纲领更重要。"从马克思主义实践观来看，能否及时提出、分析和解决实际工作中的问题，是领导干部真正做到真抓实干的一个重要标志。

对于真抓实干的极端重要性，我们党和党的主要领导同志在革命、建设和改革各个时期都有过很多精辟的阐述。毛泽东同志要求共产党员一定要有"认真实干"的精神，强调"一件事不做则已，做则必做到底，做到最后胜利""什么东西只有抓得很紧，毫不放松，才能抓住。抓而不紧，等于不抓"。邓小平同志突出强调实干，认为"世界上的事情都是干出来的，不干，半点马克思主义都没有""有了中央正确的领导，还必须有忠实执行中央指示的各级党的组织和干部"。江泽民同志强调领导干部要切实解决问题，"不要在层层表态、层层开会、层层造声势上做文章，而要在层层抓落实、层层抓解决问题上下功夫"。胡锦涛同志强调"全党

> 学术圆桌

同志特别是各级领导干部要发扬真抓实干精神，改进工作作风，建立健全抓工作、抓落实的责任制，切实把各项工作抓出成效"。习近平同志早在福州工作期间，就积极倡导"马上就办""真抓实干"，突出"实践第一"原则；主政浙江期间，他又深刻指出："实事求是、求真务实是党员干部的必备品质，从一定程度上讲，说真话就是水平，干实事就是能力。"到中央工作后，习近平总书记仍反复强调真抓实干。他讲道："大道至简，实干为要""为者常成，行者常至，历史不会辜负实干者"，凝练地表达出了马克思主义实践观的核心内涵。这些重要论述丰富和发展了马克思主义实践观，为领导干部真抓实干做好经济工作提供了充分的理论支撑和精神滋养。

真抓实干是我们党取得成功的一条宝贵经验

中国共产党和人民百年奋斗的历史充分证明，真抓实干是保障党和国家各项事业蓬勃发展、人民群众福祉不断提高的重要法宝。从革命战争年代的浴血奋战、百折不挠，到社会主义建设初期的自力更生、发愤图强；从改革开放时期的解放思想、锐意进取，到进入新时代的自信自强、守正创新，真抓实干是中国共产党带领人民取得一个又一个胜利的关键，贯穿中国共产党的百年奋斗历程。

> **学术圆桌**

在新民主主义革命和社会主义建设时期，毛泽东同志大力倡导"实事求是，力戒空谈"的精神，强调"一切空话都是无用的""唤起工农千百万，同心干"，指导全党开展整风运动，要求全党同志当老实人、讲老实话、做老实事，形成了著名的延安作风，为中国共产党赢得革命胜利发挥重要作用，创造了新民主主义革命的伟大成就。在改革开放和社会主义现代化建设新时期，邓小平同志坚持一切从实际出发，真抓实干，做好经济工作。1979年10月4日至11日，中共中央召开各省、市、区第一书记座谈会，主要讨论经济工作。邓小平在第一天的会议上就指出："我赞成劲可鼓不可泄。但是要强调一点，我们需要的是鼓实劲，不是鼓虚劲。就是说，我们的工作要扎实，效果要实实在在。"此后，我们党始终紧紧抓住经济建设这个中心不放松，与时俱进，开拓创新，靠着拼劲、闯劲、干劲，靠着钉钉子精神，把中国建成世界第二大经济体、最大货物贸易国、第三大对外直接投资国，创造了改革开放和社会主义现代化建设的伟大奇迹。

进入新时代以来，习近平总书记更加强调求真务实、真抓实干做好经济工作。在历次中央经济工作会议上，习近平总书记都对抓落实问题作出系统部署，强调要不折不扣抓落实，雷厉风行抓落实，求真务实抓落实，敢作善为抓落实。

学术圆桌

他指出:"党和国家事业发展,离不开全党脚踏实地、真抓实干。抓工作,是停留在一般性号召还是身体力行,成效大不一样。讲实话、干实事最能检验和锤炼党性。"面对世纪疫情和世界百年变局交织的严峻形势,以习近平同志为核心的党中央团结带领全党全国各族人民砥砺奋进,奋力完成改革发展艰巨任务,如期打赢脱贫攻坚战,全面建成小康社会、实现第一个百年奋斗目标。2024年,面对外部压力加大、内部困难增多的复杂严峻形势,党中央沉着应变、综合施策,特别是9月下旬果断部署一揽子增量政策,精准有力实施宏观调控,有效应对风险挑战,有力提振市场信心,我国经济实现明显回升,高质量发展扎实推进,全年经济社会发展主要目标任务顺利完成。2024年,湖南省在打造国家重要先进制造业高地、具有核心竞争力的科技创新高地、内陆地区改革开放高地上持续用力,在推动中部地区崛起和长江经济带发展中真抓实干、奋勇争先,顶住了经济下行压力,克服二季度增速回落影响,实现回升向好,2024年全省地区生产总值达53230.99亿元,同比增长4.8%。这些经济发展成就的取得全都是真抓实干的成果,充分证明了只有真抓才能攻坚克难,只有实干才能梦想成真。

| 学术圆桌

靠真抓实干开创更加美好的未来

2024年中央经济工作会议在充分肯定成绩的同时,强调我们应当看到,当前外部环境变化带来不利影响加深,国内需求不足,部分企业生产经营困难,我国经济运行仍面临不少困难和挑战。越是在这样的形势下,越要创造性贯彻落实党中央方针政策和工作部署。我们必须切实提高领导干部真抓实干做好经济工作的能力和水平,将党中央决策部署落到实处,让人民群众满意。

加强党的创新理论学习,以习近平经济思想为指导抓好经济工作。领导干部要以党的创新理论滋养初心、引领使命,从党的非凡历史中找寻初心、激励使命,在严肃党内政治生活中锤炼初心、体悟使命,把初心和使命变成锐意进取、开拓创新的精气神和埋头苦干、真抓实干的原动力。要加强习近平经济思想学习,深刻把握这一重要思想的科学体系、核心要义、实践要求,把学习成效转化为做好经济工作、推动高质量发展的生动实践。

深化干部人事制度改革,鲜明树立选人用人正确导向,切实引导广大干部真抓实干。用人导向至关重要,用什么样的人、不用什么样的人,关乎党风民心,决定事业兴衰。党员干部干事创业必须实事求是、求真务实,来不得半点虚浮。

做新时代的实干家

> **学术圆桌**
>
> 要强化重实干重实绩的用人导向，加强对干部政治素质的考察，选拔任用真正为人民群众解决急难愁盼问题的干部，让干得好的干部真正用得好，让干部在合适的岗位上干事创业，让想干事、能干事、干成事的干部有机会、有舞台、有地位。
>
> 树牢正确政绩观，持续整治形式主义、官僚主义为基层减负。形式主义、官僚主义是抓落实的大敌。习近平总书记强调，业绩都是干出来的，真干才能真出业绩、出真业绩。领导干部要以身作则、以上率下、真抓实干，坚决纠治摆花架子、刮"一阵风"、过度留痕等不正之风，切实为基层和企业减负，让干部群众精力真正用在干实事上。要实实在在抓好理论学习和调查研究，实实在在检视整改突出问题，实实在在办好惠民利民实事，用实干推动发展、取信于民。
>
> 发扬钉钉子精神，确保中央重大经济决策部署落地。习近平总书记指出："干事业就要有钉钉子精神，抓铁有痕、踏石留印，稳扎稳打向前走，过了一山再登一峰，跨过一沟再越一壑，不断通过化解难题开创工作新局面。"各级领导干部要发扬钉钉子精神，坚持新发展理念，坚持稳中求进工作总基调，以推动高质量发展为主题，以深化供给侧结构性改革为主线，以改革创新为根本动力，以扩大开放为突破，以生态环境保护为前提，以满足人民日益增长的美好生活需

> **学术圆桌**

要为根本目的，统筹发展和安全，积极融入新发展格局，加快构建现代化经济体系，不断推进国家治理体系和治理能力现代化。

坚持一切从实际出发，深入调查研究，加强科学论证，防止拍脑袋决策、拍胸脯蛮干。重视调查研究，坚持理论联系实际，有助于我们客观地认识事物、分析问题，更有针对性地制定政策、推动工作。真抓实干，必须认真研究实际问题，找到解决实际问题的有效方法，并取得解决问题、推进工作的实际成效。领导干部要改进调查研究，多到矛盾问题集中的地方和部门去，深入基层、走进群众，体察实情、解剖麻雀，既深入研究具体问题，又善于综合各方面情况，在总体思路和全局工作上多动脑筋、多下功夫。

发扬敢于斗争善于斗争精神，努力取得新的更大的胜利。面对许多具有新的历史特点的伟大斗争，要坚持底线思维真抓实干，敢于负责、敢于克服困难。既要敢于斗争，又要善于斗争，在事关中国特色社会主义前途命运的大是大非问题上坚定不移，在改革发展稳定工作中敢于碰硬，在全面从严治党上敢于动硬，在维护国家核心利益上敢于针锋相对，不在困难面前低头，不在挑战面前退缩，不拿原则做交易，不在任何压力下吞下损害中华民族根本利益的苦果。

> **学术圆桌**

坚持问题导向，加强检查和考核，及时发现和解决问题，严格落实执纪问责，完善抓落实的长效机制。进行督查验收要实，既不拖延，也不虚报，做到制度实、规则实、监督实。特别是主要领导干部，既要带领大家一起定好盘子、理清路子、开对方子，又要做到重要任务亲自部署、关键环节亲自把关、落实情况亲自督查，以督查倒逼责任落实、检验工作实效。

回顾中国共产党的百年奋斗史，不难发现：任何时候真抓实干了，我们离实现中华民族伟大复兴的中国梦就近了一步。进入新时代，真抓实干保证了打赢脱贫攻坚战、全面建成小康社会。在新征程上，只要我们坚持真抓实干，也一定能够把全面建设社会主义现代化国家和实现中华民族伟大复兴的中国梦一步步变成现实！

《新湘评论》（2025 年第 03 期）

拓展阅读

陈云：善于务虚的实干家

何云峰

务实与务虚是我们在干事创业中必须认真对待和处理的一对矛盾。习近平对二者的关系有过精辟论述："我们平常说的务实，是指从事某项工作时，能够注重一切从实际出发，说实话、办实事、想实招、求实效。而务虚，则常指在某项工作实际开展之前，先从理论上、思想上、政治上、政策上进行学习、思考、研究、讨论，以求统一思想、凝聚共识、增强信心、鼓舞士气。如果说务实是'决胜千里之外'的实践，那么务虚则是'运筹帷幄之中'的谋划，两者可谓并蒂之花、相辅相成，辩证统一于全部领导活动之中。务实是务虚的出发点和归宿，务虚的目的就是为了更好地务实；而务虚是务实的前提和基础，没有做好务虚，务实就如同无头苍蝇，只能盲目瞎转。"

陈云是党内著名的实干家和理论家，不但善于务实，而且非常善于务虚。在陈云看来，务实固然是工作所必需，但只有同时善于务虚，在实际工作中才能少出错误，至少不会犯大错

> **拓展阅读**

误。所以他在从事繁忙的实际工作的同时始终不忘务虚,把务实和务虚很好地结合起来。实践证明,陈云是一位善于务虚的实干家。

善于务虚首先要掌握正确的思想方法

要想工作取得实效,思想方法非常重要。思想方法不对头,工作往往会事倍功半。陈云高度重视思想方法的训练,将其作为务虚的首要内容。陈云一贯强调通过学习马克思主义哲学掌握正确的思想方法。他说:"理论上、思想方法上搞好了,对党对革命是有很大好处的。""要把我们的党和国家领导好,最要紧的,是要使领导干部的思想方法搞对头,这就要学习马克思主义哲学。"

陈云对于思想方法的重视与延安时期他同毛泽东的几次谈话有密切关系。陈云当时认为,自己犯错误的原因在于缺少经验,毛泽东却说,犯错误的主要原因不是缺少经验,而是思想方法不对头。类似的话,毛泽东对陈云讲了三次,并且建议他学点哲学。陈云听从毛泽东的建议,认真研读马克思主义理论尤其是马克思主义哲学。为了提高学习效果,他在中组部成立了一个学习小组,并亲自担任组长。小组有十几个正式成员,另外还有30多位干部参加旁听,被戏称为"后排议员"。这个

拓展阅读

学习小组从1938年底开始到1943年初陈云生病时为止，坚持了四年多，曾被中共中央评为模范学习小组。

延安时期的学习活动让陈云感觉受益匪浅，最大的收获就是掌握了唯物辩证法这一正确的思想方法。陈云用15个字概括了唯物辩证法的精髓："不唯上、不唯书、只唯实，交换、比较、反复。"这15字箴言，表达简洁通俗，内涵丰富深刻，明确回答了如何做到实事求是的问题，是他对马克思主义思想方法的独特感悟。

"不唯上、不唯书、只唯实"，体现了一切从实际出发的思想方法。陈云认为，唯上、唯书是教条主义的典型表现形式，只有坚决摒弃唯上、唯书的思想方法，坚持一切从实际出发，将理论与实际结合起来，才能够克服形形色色的教条主义错误。"交换、比较、反复"，则体现了辩证全面的思想方法。陈云认为，考虑问题简单化，错把现象当本质，把个别当全局，或者做事情不会统筹兼顾，好走极端，这些都可以说是片面性的表现。

如何避免片面性呢？陈云提出的方法就是"交换、比较、反复"。所谓"交换"，是指要重视集体的智慧，大家在一起充分讨论，交换各自的意见，使认识比较全面。所谓"比较"，是指要对各种意见进行比较，通过比较弄清事物的本质。例如，要弄明白什么是新民主主义，就要将其同社会主义和资本主义

拓展阅读

进行比较，加以区别，这样就能够说清楚了。所谓"反复"，是指事情初步决定了以后还要反复推敲，多设想几种可能性。陈云说："人们认识事物，往往不是一次就能完成的，需要有一个反复的过程。这里重要的，是找'反对派'；如果没有'反对派'，也要假定一个'反对派'。"这种"交换、比较、反复"的思维模式，让陈云逐渐养成了辩证全面的思想方法。

延安时期学习马克思主义哲学的务虚活动让陈云受益终生，掌握了正确思想方法的陈云对"左"倾错误思想也有了强大的免疫力。"左"倾错误的一个重要表现是犯急性病，在建设的规模速度问题上，贪多求大求快。1958年的"大跃进"和20世纪70年代末的"洋跃进"，都是急性病的表现。当时不少人都是头脑发热，急于求成，不考虑中国国民经济的实际承受力，一味强调大干快上。陈云却没有被急躁狂热的情绪裹挟，对于经济建设的高指标和浮夸风现象忧心忡忡，坚持不跟风。当时能做到这一点颇为不易，陈云也因此受到党内外的普遍称赞。

陈云坚持以正确的思想方法思考和处理中国革命、建设和改革中的许多重大问题，提出了许多精辟的见解，至今为人们所称道。例如，解放战争时期，在著名的七道江会议上，为了解决在南满主力部队去留问题上的意见分歧，陈云先让大家充分发表看法，然后深入分析敌我双方的优劣和主力去留的利弊，

陈云：善于务虚的实干家

> **拓展阅读**
>
> 明确得出结论：同撤离相比，留下斗争更能减少损失。接着，他又从多个方面分析了留在南满坚持斗争的可能性。陈云的分析使大家心悦诚服，一致表示赞同。后来战局的发展充分证明，陈云提出的坚守南满的主张是完全正确的。南满根据地不仅保住了，而且地盘日益扩大，为后来的全面反攻奠定了基础。
>
> 1956年9月，陈云在党的八大上提出了"三个主体，三个补充"的经济体制改革设想。与当时流行的苏联经济模式相比，陈云的设想更加符合中国的实际，是一个大胆的突破。此外，陈云针对中国社会主义建设问题还提出了一些重要的论断，如"经济建设和人民生活必须兼顾，必须平衡"，"好事要做，又要量力而行"，基本建设"既要保证重点又要照顾一般"，既要照顾当前也要着眼长远，"物质文明和精神文明要一起抓"等。这些重要论断，时至今日依然闪耀着真理的光辉。陈云能够提出这些重要论断，很大程度上要归功于他善于务虚，掌握了正确的思想方法。

善于务虚需要树立全局观念和战略眼光

新中国成立后，陈云成为经济工作的主要领导人之一。在国家财力紧张的情况下，能否区分轻重缓急，做好千头万绪的经济工作，直接考验着陈云的智慧。陈云为此殚精竭虑，但无

做新时代的实干家

> **拓展阅读**
>
> 论工作再忙,头绪再多,他都强调必须留出务虚的时间。这里的务虚,是指在讨论经济工作之前先抽出时间研究全国形势乃至国际形势,研究党中央的大政方针,树立全局观念,思考战略性问题。陈云认为,这种务虚,看似与具体工作关系不大,实际上却对做好经济工作大有好处。
>
> 陈云认为,对于经济工作者来说,务虚的一个重要内容在于树立全局观念。他清醒地认识到,决定全局的问题"如果摆不好,怎么忙也解决不了问题"。因此,他在经济工作中反复强调,要善于务虚,要通过对形势的研判做到胸有全局。
>
> 例如,1950年11月,在第二次全国财政会议上的报告中,陈云对国内外形势进行研判,指出:"现在美帝侵朝战争扩大,估计时局的发展可能有三种不同的情况:(一)邻境战争,国内平安;(二)邻境战争,国内被炸;(三)邻境战争,敌人在我海口登陆,全国卷入战争。我们的对策,暂以第二种局势为基点",而"应付第二种局势对策的主要点"就是"把明年的财经工作方针放在抗美援朝战争的基础之上"。
>
> 陈云指出:"财政上的各项支出,必须分清主次,不能面面俱到。如果面面俱到,便会一事无成。我们要集中力量,把财力使用在主要方面,解决主要问题","局部必须服从全体"。因此,在抗美援朝战争短期内不可能结束的情况下,财政支出必

陈云：善于务虚的实干家

拓展阅读

须把战争放在第一位，这是大局。从国家各项工作的全局出发，他提出1951年的财经工作方针应该是战争第一，稳定市场第二，其他带投资性的支出列在第三。

历史证明，这一方针的提出和实行，对于保证抗美援朝战争的胜利发挥了重要作用。

又如，陈云在担任中财委主任期间，为中财委确定了总体工作方针和工作制度，其基本精神就是要求在中财委工作的同志们要善于通过务虚树立全局观念。他明确提出，中财委不要事无巨细什么都管，而应集中精力抓那些关系全局的重点工作。他还提出，中财委要想把工作做好，就不能只埋头做自己的事情，而要胸怀全局，与其他部门加强沟通和联系，经常向各部门的干部通报财经情况。他要求中财委采取"通气"的办法，经常发工作通报，报道财经要闻。

实践证明，陈云提出的"通气"的办法非常管用，使得各方面的负责同志都能及时了解全局性的财经状况，对于各部门统一看法、齐心协力、共同克服经济困难起到了重要的促进作用。

对全国做经济工作的同志，陈云也提出了殷切期望，希望他们抽出一点时间务虚，这样才能树立全局观念，避免陷于局部观点和本位主义。

拓展阅读

1951年4月4日,陈云在中国共产党第一次全国组织工作会议上发表讲话,批评"财经部门工作很忙,每天有很多公文、电报、会议,但是有一样很少,就是经验少。事情多,经验少,就容易忙乱,就不能很好思考问题,就容易出毛病,结果是辛辛苦苦的官僚主义。政府的事情很多,如果抓不住工作重点,那就如同在大海航行中把握不住方向。"为此,陈云提出:"经济干部一天到晚是打算盘搞数字,很少看到全局。为克服这个缺点,使他们不犯错误,每星期抽两三个钟头学政治是必要的。"

除了树立全局观念之外,陈云认为,务虚对于经济工作者的另一个重要意义在于通过思考战略性问题,树立战略眼光。在他看来,经济工作者天天埋头于具体的事务性工作,不注意思考战略性问题,就会变得目光短浅,在经济工作中产生盲目性。只有重视务虚,多抽出时间思考战略性问题,才能提高站位,树立战略眼光,洞悉经济工作的未来大势,及时把握先机,未雨绸缪。

1956年7月21日,陈云在全国各省、自治区、直辖市商业、农产品采购厅局长和供销合作社主任会议上提醒与会的领导干部要重视务虚,要注意思考战略性问题。他说:"过去旧商人中,有一种头戴瓜皮帽、手拿水烟袋的,他们专门考虑'战略性问题',比如什么货缺,应该什么时候进什么货。我们县商店的经

陈云：善于务虚的实干家

拓展阅读

理一天忙得要死，晚上还要算账到十二点，要货时，再开夜车临时凑。看来，我们的县商店，也应该有踱方步专门考虑'战略性问题'的人。"

党的八大之后，陈云兼任商业部部长。1956年11月，他在部务会议上发表《做好商业工作》的讲话，告诫商业工作者要登高望远，树立战略眼光。他说："我们是商人，但不是普通的商人，而是从事商业工作的革命家。我们应该站得高一点，看得远一点，要上屋顶，不要老呆在地下室。"

改革开放后，陈云更加突出地强调思考战略性问题的重要性。1982年1月，陈云在谈到国家计委的职能时强调："上层机构要有人专心考虑大问题。我过去讲，'瓜皮帽，水烟袋'，旧商人中有一种人专门考虑'战略性问题'。我们现在的经济机关，不大考虑这方面的问题。我们要有这样的战略家。"

1990年6月，陈云在同中央负责同志谈话时，告诫他们从各种繁琐的事务性会议摆脱出来，"要拿出一定时间'踱方步'，考虑战略性的问题"。

陈云不仅要求下级重视务虚，思考战略性问题，他自己更是身体力行，率先垂范。在领导经济工作过程中，陈云始终不忘思考战略性问题，实现了务虚和务实的有机结合。在他眼中，经济工作应该思考的战略性问题首先是人民群众的衣食住行问

拓展阅读

题,这些问题虽然琐细,但如果解决不好,人民生活受影响,国家就会出大乱子。所以,他对关系民生的问题极为重视,抓住不放。

比如,1956年11月在中共八届二中全会上,陈云把"解决猪肉和其他副食品供应紧张的办法"作为发言的重要内容。他告诫说:"猪肉供应不足,已经是人民普遍不满意的一个问题。"为此,他从多方面提出了应对措施。1957年7月,陈云在十三省、市蔬菜会议上强调指出:"蔬菜和其他副食品的供应问题,其意义绝不在建设工厂之下,应该放在与建设工厂同等重要的地位",要求采取切实措施解决人民群众的菜篮子问题。对于日用小商品供应紧张的问题,陈云也很关注。1959年4月,他给中央财经小组写信,明确提出:"要专门安排一下日用必需品的生产。"陈云的意见引起了毛泽东的重视。毛泽东在1959年庐山会议前期曾经明确表示,陈云提出的先安排好市场,再安排基建的意见是对的。"要把衣、食、住、用、行五个字安排好,这是六亿五千万人民安定不安定的问题。"

除了将民生问题作为战略性问题来考虑之外,陈云关注的战略性问题还有很多。例如,中美关系正常化进程开始之后,陈云受周恩来委托,研究对外贸易。他敏锐地看到和资本主义打交道是大势已定,于是及时提出要研究当代资本主义的战略

拓展阅读

性课题。陈云说得很明白:"不研究资本主义,我们就要吃亏。不研究资本主义,就不要想在世界市场中占有我们应占的地位。"

又如,20世纪70年代以后,随着人口的过快增长和工业的发展,中国出现了水资源紧张和江河污染、大气污染的情况,这引起了陈云的高度关注。1979年6月,他给李先念和姚依林写信,提醒他们必须尽早注意这两个问题。此后,他对这两个问题持续关注。1988年8月,陈云把两份反映我国部分地区环境污染的材料批转给李鹏和姚依林,并附信指出:"治理污染、保护环境,是我国的一项大的国策,要当作一件非常重要的事情来抓。"

1990年6月,陈云在水利专家张光斗和陈志恺合写的《我国水资源问题及其解决途径》一文的批语中写道:"水的问题始终是一个大问题。要从战略高度来认识水的问题的严重性。各级领导部门,尤其是经济、科技领导部门,应该把计划用水、节约用水、治理污水和开发新水源放在不次于粮食、能源的重要位置上。"

此外,如何推进中国科技快速发展,参与世界科技革命浪潮,也是陈云思考的战略性问题。20世纪80年代中期,陈云敏锐地观察到世界科技发展的潮流,认为我国大力发展电子工业已经迫在眉睫。他对电子工业部领导说:"搞四个现代化,没有

拓展阅读

集成电路和电子计算机不行",要像当年搞原子弹、氢弹那样,集中力量把电子工业搞上去。

陈云在主持经济工作的生涯中,取得了全党全国公认的成绩。为什么陈云搞经济比较在行呢?一方面是因为陈云在这方面的实际经验比较多,另一方面也是因为陈云抓经济工作能够很好地把务实和务虚结合起来,既有脚踏实地的精神,又有全局观念和战略眼光。毛泽东曾经在中共七届七中全会上公开称赞陈云"比较稳当""看问题有眼光""看问题尖锐,能抓住要点"。

历史证明,陈云配得上这个评价。更为难得的是,陈云在主持经济工作期间,用他的理念带出了一支既懂业务又有全局观念和战略眼光的经济工作者队伍,他们为中国经济的腾飞作出了巨大贡献。

善于务虚需要提高政治鉴别力

善于从政治上看问题,不断提高政治判断力、政治领悟力、政治执行力,是党员干部做好实际工作的重要前提。改革开放新时期,我们党确立了"一个中心、两个基本点"的基本路线,全党形成了"发展才是硬道理"的共识,经济工作成为全党全国关注的焦点。陈云与全国人民一样关注经济工作,同时他还强调,在工作重心转向经济建设的同时切不可放松思想政治工

拓展阅读

作。他密切关注党风问题、社会风气问题和意识形态问题，反复提醒全党注意这些问题，呼吁加强思想政治教育和宣传工作，加强社会主义精神文明建设，不断提高党员干部和人民群众对错误思想的政治鉴别力，这可以视为陈云善于务虚的又一体现。

改革开放初期，思想战线在冲破"左"倾思想禁锢的同时，右的倾向也开始抬头。有些人公开提出"毛泽东思想过时了""社会主义不行了""党的领导要不得"；还有些人思想软弱，对右的倾向不敢进行批评和斗争。这种状况引起了陈云的警惕。1980年12月，他尖锐地指出："经济工作搞不好，宣传工作搞不好，会翻船的。"宣传工作做不好，就会让搞敌对宣传的人钻空子，使人们在大是大非面前失去政治鉴别力，就会导致社会主义建设事业的失败。

随着经济改革的逐步深入，商品经济得到大发展，对人们的观念形成了巨大的冲击。这种冲击既带来了很多积极的变化，也不可避免地造成"一切向钱看"的观念开始抬头，从而导致党风和社会风气受到侵蚀。陈云敏锐洞察到这个问题的严重性，再次提出要通过加强思想政治教育工作，加强精神文明建设，提高全社会对错误思想的政治鉴别力，自觉抵制错误思想的侵袭。

1984年10月，陈云提出了"物质文明和精神文明要一起抓"的方针。他认为，只有两个文明一起抓，才可能克服改革开放

拓展阅读

过程中出现的消极现象。"我们是社会主义国家,我们既要有高度的物质文明,也要有高度的社会主义精神文明,这是我们永远要坚持的奋斗方向。"

1985年9月,陈云告诫全党,必须在思想上纠正忽视精神文明建设的现象。他认为,忽视精神文明建设,就不可能有好的党风,也不可能有好的社会风气,"我们的整个事业就有可能偏离马克思主义,偏离社会主义道路"。"当前比较普遍存在的忽视精神文明建设的现象,绝不是一个小问题,全党同志务必高度重视。"1985年9月,在党的全国代表会议上,陈云强调指出:改革过程中出现的一些消极现象,"同我们放松思想政治工作、削弱思想政治工作部门的作用和权威有关,应引为教训"。

1989年9月,一些东欧国家发生剧变后,陈云联系历史和现实、国内和国际,得出一个重要结论:帝国主义侵略的手段在不断发生变化,但侵略本性始终没有改变。帝国主义进行侵略、渗透的手段和方式,最早主要是武力侵略,后来变成文武并用。在当前,"文"的(包括政治的、经济的和文化的)手段突出起来,主要表现为对社会主义国家搞"和平演变"。陈云敏锐地意识到,社会主义国家如果不高度重视意识形态工作,就会有被帝国主义国家"和平演变"的危险。所以,他谆谆告诫中央负责同志要增强政治鉴别力,认清帝国主义的本性,并说:"这个问题,到了大呼特呼的时候了。"

总之，改革开放新时期，在全党工作重心转向经济建设的年代，陈云反复强调，在抓实经济工作的同时不能忘了务虚，不能放松思想政治工作，不能忽视社会主义精神文明建设，不能对帝国主义的"和平演变"阴谋掉以轻心，这充分体现了他作为老一代无产阶级革命家的远见卓识。

结语

从延安时期开始，陈云一直在党内担任要职，承担了繁重的工作任务，但他很少发生失误。陈云为什么能够做到这一点？奥秘就在于他能够很好地把务实和务虚结合起来，通过务虚掌握正确的思想方法，树立全局观念和战略眼光，提高政治鉴别力，并以此指导具体工作，脚踏实地地干事业。陈云能够始终如一坚持这样做，所以工作干得很有成绩，获得了广泛的赞誉。

由此我们得到一个重要的启示：无论做任何工作，都要既重务实，又善务虚，明白二者的辩证关系，把二者有机结合起来，不能偏废。在推进中国特色社会主义伟大事业的进程中，我们既要大力弘扬求真务实、脚踏实地、埋头苦干的精神，也要注重务虚并且善于务虚，认真学习科学理论，努力掌握正确的思想方法，提高战略思维、历史思维、辩证思维、创新思维、法

> **拓展阅读**
>
> 治思维、底线思维能力。只有这样，才能在各项工作中掌握主动权，成功化解矛盾，驾驭复杂局面，更好地把中国特色社会主义事业推向前进。
>
> 《党的文献》（2021 年第 02 期）